el AMOR en la POESÍA
Antología Bilingüe
Love in Poetry
Bilingual Anthology

Marcela Villar M.
editor

el AMOR en la POESÍA
Antología Bilingüe
Love in Poetry
Bilingual Anthology

Grupo Verso Libre

BLUE CATHARSIS
Publishing

Colección Verso Libre
Poesía Bilingüe

2014

Colección Verso Libre / Poesía Bilingüe

Contenido entero / Entire contents: Copyright © 2014 by Blue Catharsis Publishing. All Rights Reserved under international conventions.

Traducciones / Translations: Sergio Villar, Blair Murri, Marcela Villar M.

Editor: Marcela Villar M
Diseño de portada / Cover design: Marcela Villar M

Arte de portada / Cover art: © 2006 Elina Torres Verdugo
Usado con permiso / Used by permission
Mascarón titulado SERENIDAD, de la colección SIRENAS
Figure titled SERENITY from the collection MERMAIDS

Primera edición: abril de 2014 / First edition: April 2014

Paperback ISBN: 978-0-9903432-0-2
ePUB ISBN: 978-0-9903432-1-9
Kindle ISBN: 978-0-9903432-2-6

Library of Congress Control Number: 2014940651

Blue Catharsis Publishing
PO Box 85054
Seattle, WA 98145-1054
USA

Ninguna parte de esta publicación podrá ser reproducida o transmitida en ningún formato ni por ninguna forma, ni guardada en ninguna base de datos o sistema de reproducción, sin autorización por escrito previo de la editorial.

Except as permitted under Copyright Law of the United States of America, no part of this publication may be reproduced or distributed in any form or by any means, or stored in a database or retrieval system, without the prior written permission of the publisher.

Gracias...   a Dios
             a la familia
             a la vida
             a los colegas...

a la Poesía

.

.

.

Marcela Villar M.
2014

TABLA DE CONTENIDO / TABLE OF CONTENTS

Introducción / Introduction	1
Ana María Lorenzo Gracia	9
Elina Torres Verdugo	35
Andrés Mauricio Camacho	59
Miguel Alcantud Cayuela	81
Fernando Tomas	103
Luis Hernández Ocampo	121
Marcela Villar M	125
Kain Arteagoitia Diez	145
Gabriel Márquez	167
Romeo Della Valle	185
Luis Enrique Vázquez Vélez	195
Geyler Aranda Rafael	221
Paloma Marim	243
Mónica Tapia Espinoza	265

INTRODUCCIÓN

Presentar un trabajo compuesto por 14 autores no es tarea fácil. Las voces de los diferentes elementos son ricas y variadas, representan más que sólo la poética única de cada autor, sino también las corrientes de sus patrias y sus culturas literarias.

Tenemos en esta colección una diversidad internacional digna de celebrar, desde las gélidas aguas del país chileno, hasta la caribeña isla de Puerto Rico, cruzando los mares para llegar a la madre-patria, España.

Este proyecto nació como una respuesta a la nueva forma de interacción literaria entre poetas en la actualidad. El siglo XXI nos ha dado una plataforma de exposición jamás vista antes, una de salir y ser visto, la de las redes sociales. Verso Libre es un grupo literario de orden digital, donde alrededor de 200 poetas de variadas naciones del mundo interactúan en forma diaria, compartiendo sus trabajos literarios. Podríamos decir que estamos experimentando el Avant-garde de nuestros días.

El verbo se manifiesta en forma clara y única, dando al lector la oportunidad de interactuar con el escritor en forma directa e instantánea, ya no esperando aquella arcaica línea en la librería, donde el semidiós firmaría un libro, si existiera el momento mágico que los uniera. Ahora las redes digitales han eliminado esa rigidez y el lector tiene al autor a su alcance, puede preguntar y comentar, criticar y analizar, en forma franca y hasta audaz.

Queremos presentar este libro como una forma alternativa, al mundo de habla castellana y también inglesa, por lo tanto decidimos hacerlo bilingüe, labor no sencilla, porque traducir poesía no es algo técnico, se entregan universos espirituales, cosas internas, que sólo el poeta puede expresar, y el traductor debe interiorizarse de esas cosas, en una relación estrecha con el poeta. Es así como comenzamos esta aventura de creación, este camino poético, que ahora va a las manos del lector.

Leemos tonos profundos en la poesía española actual, con expositores como **Kain Arteagoitia, Ana María Lorenzo** y **Miguel Alcantud Cayuela**. Cada uno con un tinte diferente, pero sin duda con la fuerza de las letras castellanas incrustada en los versos. Kain Arteagoitia nos presenta una poesía nueva, un estilo único, si se quiere. Su voz es expuesta como si la del sexo opuesto, y en una entrevista con la autora, ella explica que el "Ser es inter-racial y genérico", que todos pueden identificarse con su poesía, porque todos somos lo mismo, "*humanos*". Ana María Lorenzo es una escritora madura en las letras, habiendo escrito varios libros y llevando en su currículo una larga trayectoria literaria. Mujer de mística y elementos de tierra y natura. Su poesía es hermética y subterránea, tremendamente humana y sincera. Leer a Lorenzo es un viaje en sí, una experiencia mágica. Al igual que sus compatriotas, Miguel Alcantud Cayuela, es un escritor experimentado, su poesía es de índole amorosa, de gran madurez estética. En sus versos vemos los elementos del amor expresados con espectacular for-

INTRODUCTION

Presenting a work composed by 14 authors is no easy task. The voices of the different elements are rich and varied, representing more than just the unique poetics of each author, but also the flows from their homelands and their literary cultures.

We have in this international collection a diversity worthy of celebrating, ranging from the icy waters of the Chilean country to the Caribbean island of Puerto Rico, across the seas to reach the motherland, Spain.

This project began as a response to the new form of literary interaction between poets today. The XXI century has given us an exhibition platform never before seen, one of going out and being seen, that of the social networks. Verso Libre (Free Verse) is an online literary group where around 200 poets from various nations of the world interact daily, sharing their literary works. We could say that we are experiencing the Avantgarde of our day.

The verb is expressed in a clear and unique form, giving the reader the opportunity to interact with the writer directly and instantaneously, and not waiting for that archaic line at the bookstore where the demigod would sign a book, if the magic moment that unites them ever exists. Online social networks have now removed that stiffness and the reader has the author at their fingertips, and can ask and comment, criticize and analyze, in a frank and even daring way.

We want to present this book as an alternative to the world of Spanish and English speakers, so we decided to make it bilingual, which is no easy task, because translating poetry is not something technical, as spiritual universes are delivered, internal things that only the poet can express, and the translator must internalize those things, in a tight relationship with the poet. This is how we began this adventure of creation, this poetic journey, which now goes into the hands of the reader.

We read deep tones in the current Spanish poetry, with exhibitors like **Kain Arteagoitia**, **Ana Maria Lorenzo** and **Miguel Alcantud Cayuela**. Each with a different tint, but certainly with the strength of Spanish literature embedded in the verses. Kain Arteagoitia presents a new poetry, a unique style, if you will. Her voice is exposed as if it were of the opposite sex, and in an interview with the author, she explains that "Being is inter-racial and generic", that everyone can relate to her poetry because we are all the same, "human". Ana Maria Lorenzo is a mature writer in literature, having written several books and bringing to her résumé a long literary career. A woman of mysticism and elements of earth and nature. Her poetry is hermetic and subterranean, extremely human and sincere. Reading Lorenzo is a journey in and of itself, a magical experience. Like his compatriots, Miguel Alcantud Cayuela, is an experienced writer, his poetry is of a romantic nature, of great aesthetic maturity. In his verses we see the elements of love expressed with great form and style, but without gran-

ma y estilo, pero sin grandiosidad ni exceso. Él toma el erotismo necesario para la interacción humana dentro del amor, y lo utiliza con el respeto que solo un maestro de la lengua puede hacerlo, con los resultados esperados, una poesía magnifica e impecable.

Los expositores sudamericanos nos dejan precisas evidencias de su herencia literaria. **Elina Torres Verdugo** y **Mónica Tapia Espinoza**, Chile. Torres Verdugo lleva en la boca la herencia de Mistral, las llaves de la lírica que ella ha creado desde un universo personal, desde sus experiencias únicas y muy interiores, aplicando un lenguaje unido a su arte, de hilos y colores. Torres es también la autora de la figura usada en la portada de nuestra antología. Un viaje de fosforescencias y vidas es su creación, *"Serenidad"*, que en Chile ha sido exhibida en salas de arte y otros medios, dándonos el honor para este libro. La poesía nuestra es como la figura en la obra de Elina Torres Verdugo, lleva las cadenas rotas, se ha liberado en el *"verso libre"* y no está consumida en líneas y números, sino en esa libertad de expresión dada sólo por las emociones y el espíritu de la letra. Mónica Tapia Espinoza es la poeta del amor en abundancia, del amor a destajo y sin límite, dado en brazos llenos, en manos generosas, siempre. Ella fue criada en un ambiente de intelectualidad y misticismo, donde la realidad y lo surreal se mezclaron en un universo perfecto, donde la vida familiar era un sub-mundo creado por las circunstancias, y eso permitió las condiciones perfectas para la formación de la mujer-poeta que Mónica es hoy: una gigante de la palabra. Tapia utiliza estilos íntimos y costumbristas, con un toque erótico muy personal y sensible.

Es Cesar Vallejo quien exclamó *"¡Evadirse de la prisión de la forma poética y de la sintaxis!"* [1]. y eso lo hacen muy bien nuestros poetas peruanos, **Fernando Tomas Chumpitaz** y **Geyler Aranda Rafael**. Tomas es un poeta que escribe al amor en sí, a sus elementos situados, e inquebrantables. Sus trabajos son de calidad y estilo indiscutiblemente Vallejano, contienen sonidos que nos dicen del amor desde profundidades y hermetismos, que rara vez se explican. Su obra es inédita, y contiene un potencial que se vislumbra como uno de los grandes de la nación peruana. **Geyler Aranda** es una voz juvenil, su poesía da un toque fresco y un balance a nuestra antología. Sus primeros poemas fueron escritos cerca de los 16 años de edad, y es clara la evolución, desde el escrito liviano e inocente hasta la más madura y sensual declaración de amor físico. Su poesía es fuerte y prometedora, con estructura sofisticada y versos bien pensados.

Andrés Camacho, Argentina, auto-denominado un "poeta-maldito". La fuerza en sus letras trasmite poder que va más allá de lo terrenal y común. El amor atraviesa corredores y dimensiones, habla por los poros impregnados en dolor y la angustia del des-amor. Así es la poesía de Camacho, dura a tiempos, sarcástica otros, pero de una sensibilidad indudable, aunque él prefiere no llamarse "poeta".

---

[1] Torres Martínez, Raúl. *César Vallejo, Poemas y Tormentos*. San José, Costa Rica: Editorial Universidad Estatal a Distancia, 1999. p 65. ISBN-13: 9789968310222

deur or excess. He uses the eroticism necessary for human interaction within love, and uses it with the respect that only a master of the language can do, with the expected results, a magnificent and flawless poetry.

The South American exhibitors leave us precise evidence of their literary heritage. **Elina Torres Verdugo** and **Monica Tapia Espinoza**, Chile. Torres Verdugo carries in her voice the heritage of Mistral, the keys of the lyric she has created from a personal universe, of its unique and very inward experiences, using language united to her art, of threads and colors. Torres is also the author of the figure used on the cover of our anthology. A journey of phosphorescence and life is her creation, **"Serenity"**, which in Chile has been exhibited in art galleries and other media, brings us that honor to this book. Our poetry is like the figure in the work of Elina Verdugo Torres, carrying the broken chains, having been released in the **"free verse"** and not being consumed in lines and numbers, but in that freedom of expression given only by emotions and the spirit of the letter. Monica Tapia Espinoza is the poet of love in abundance, of eager and limitless love, given with filled arms, in generous hands, always. She was raised in an atmosphere of intellectualism and mysticism, where the real and the surreal were mixed in a perfect universe, where family life was a sub-world created by the circumstances, and that permitted the perfect conditions for the formation of the women-poet Monica is today: a giant of the word. Tapia uses intimate and folk styles, with a very personal and sensitive erotic touch.

It is Cesar Vallejo who said **"Evade the prison of the poetic form and of syntax"**[1], and that is done very well by our Peruvian poets, **Fernando Tomas Chumpitaz** and **Geyler Aranda Rafael**. Tomas is a poet who writes to love itself, to its situated and steadfast elements. His works are of a quality and style undeniably Vallejan, they contain sounds that tell us of love from the depths and secrecies that are rarely explained. His work is unpublished and contains a potential that is seen as one of the greats of the Peruvian nation. **Geyler Aranda** is a young voice, his poetry gives a fresh feel and balance to our anthology. His first poems were written when he was about 16 years old, and there is a clear evolution from the light and innocent to the more mature and sensual declaration of physical love. His poetry is strong and promising, with sophisticated structure and thoughtful verses.

Andres Camacho, Argentina, self-termed a "cursed poet". The strength in his lyrics conveys power that goes beyond the mundane and common. Love passes through corridors and dimensions, speaks through pores impregnated with pain and the anguish of unloving. This is the poetry of Camacho, hard at times, sarcastic at others, but of an undoubtable sensitivity, although he prefers not to be called "poet".

Mexico has given us great writers, and no doubt will continue to

---

[1] Torres Martínez, Raúl. *César Vallejo, Poemas y Tormentos*. San José, Costa Rica: Editorial Universidad Estatal a Distancia, 1999. 65. ISBN-13: 9789968310222

México nos ha dado grandes escritores, y sin duda lo seguirá haciendo, aún Premios Nobel de Literatura, pero desde la timidez y humildad emerge una poeta impecable, **Paloma Marim**, quien sin preparación académica en las letras, se presenta en el mundo de la poesía, como un medio terapéutico y nos sorprende con su sinceridad. Su obra es recóndita, son versos guturales, primitivos, sin adornos ni cirugías. Su voz habla del dolor y abandono de un amor sufrido, por abuso y confusión, en una mezcla de religión y ostracismo. Escribe como su corazón le dicta, usando pausas y formas que dan a su poesía la fuerza que conllevan, sin saber ella que utiliza estilos literarios sofisticados.

Aparece, entre los escritores sudamericanos otro talento joven, **Gabriel Márquez**, venezolano, con un ímpetu intenso, mezcla de juventud, talento, y virilidad. La lírica de Márquez se pasea en los jardines del amor sensual y erótico, pero también llora el desencanto y el rechazo. Hay excelente estructura y forma en sus versos, que en contenido no dejan de impresionar.

Si hablamos de impresionar, entonces hablamos de **Luis Enrique Vázquez Vélez**, Puerto Rico, veterano escritor, donde la riqueza del lenguaje, formas y estructura del verso, valga la redundancia, son extremas. Luis juega con las palabras y las sensaciones, nos transporta en las gotas de agua y en las emociones, en la experimentación del amor y sus representaciones. Las imágenes poéticas son lo opuesto a lo rígido, sino vulnerables a los elementos, dándoles plasticidad casi etérea, su poesía baila y estremece. Vázquez, en su obra remite un mensaje al objeto de su amor, entre léxicos y pasiones, en lo erótico y lo casi místico.

Luis Hernández Ocampo, un escritor en su periodo formativo, inédito, que está escribiendo historias para niños en su país, Costa Rica. Luis colaboró para nuestra antología con un ensayo sobre el amor y la amistad y su visión es positiva y optimista, quizá por su formación religiosa. Esto nos da una redondez, un círculo completo en lo que respecta a la variedad de voces y géneros en nuestro grupo literario Verso Libre.

Otro toque interesante a este libro es **Romeo Della Valle**, New York, EE.UU., quien, a diferencia de sus camaradas en letras, escribe en inglés y su trabajo fue traducido al castellano. El trabajo de Della Valle es dualístico, cálido, pero a la vez doloroso, son versos que transmiten sus emociones y más profundos sentimientos. Como muchas veces el mismo ha dicho, jamás escribe si no lo siente. Sus escritos son de experiencias personales, siendo Romeo un hombre ultra-sensitivo, y transmitiéndolo todo en su poesía.

La poesía latinoamericana celebra nuevas voces constantemente, y este es el momento para 14 escritores emergentes, siendo algunos conocidos en sus medios, pero surgiendo frescos para el lector de habla inglesa.

Marcela Villar M. — Editora

do, even Nobel Prizes for Literature, but from timidity and humility emerge an impeccable poet, **Paloma Marim**, who having no academic background in literature is presented to the world of poetry as a therapeutic way and she surprises us with her sincerity. Her work is recondite, her verses guttural, primitive, without adornments or surgery. Her voice speaks of the pain and abandonment of a suffered love, of abuse and confusion, in a mixture of religion and ostracism. She writes as her heart dictates, using pauses and forms that give her poetry the force they carry, without her knowing that she uses sophisticated literary styles.

Appearing among other talented young South American writers, is **Gabriel Márquez**, Venezuelan, with an immense impetus, a blend of youth, talent, and virility. The lyric of Márquez walks in the gardens of sensual and erotic love, but also cries disappointment and rejection. There is excellent structure and form in his verses, which content does not fail to impress.

If we talk about impressing, then let's talk about **Luis Enrique Vázquez Velez**, Puerto Rico, veteran writer, where the richness of language, forms and verse structure, forgive the repetition, are extreme. Luis plays with words and feelings, transports us in water drops and emotions, in experimentation of love and its representations. The poetic images are the opposite of stiff but instead vulnerable to the elements, giving them almost ethereal plasticity, his poetry dances and trembles. Vazquez, in his work addresses a message to the object of his love, between lexicons and passions, in the erotic and the almost mystical.

Luis Hernandez Ocampo, a writer in training, unpublished, who is writing children's stories in his country, Costa Rica. Luis collaborated for our anthology with an essay about love and friendship and his vision is positive and optimistic, perhaps because of his religious background. This gives us a roundness, a full circle in terms of the variety of voices and genres in our literary group Verso Libre.

Another interesting twist to this book is **Romeo Della Valle**, New York, USA, who, unlike his comrades in literature, writes in English and his work was translated into Castilian. Della Valle's work is dualistic, warm, but at the same time painful, they are verses that convey their emotions and deepest feelings. As many times he himself has said, never write if you don't feel it. His writings are of personal experiences, Romeo being an ultra-sensitive man, and he transmits it all in his poetry.

Latin-American poetry celebrates new voices constantly, and this is the moment for 14 emerging writers, some being known in their circles, but emerging fresh for the English-speaking reader.

Marcela Villar M. — Editor

Nota sobre el editor

La poesía de **Marcela Villar**, Chile, no es sólo la tentación de perpetuar el instante, sino la tentación — y la condena que consigo arrastra — por extraer la memoria de ese laberinto de luz que es el amor. Y es un laberinto de luz porque la poeta vive, recuerda e imagina con sabiduría y serenidad, y la condena se vuelve una revelación.

Dentro de ese espacio de tiempo detenido como en un embrujo, Villar se muestra, — no obstante el alma que remansa en la paz — con una gran preocupación por comunicarse con el ser amado. Busca esa comunicación a través de la gramática y el cuerpo, a través de la rutina y del desconcierto, y esa comunicación con el amado se encuentra en la naturaleza, en la contemplación y en ese laberinto de luz que hay en cada instante del amor sublime. Y aún así no basta, no hay manera de alcanzar un entendimiento definitivo con el otro porque como sentenciaba José Gorostiza, somos «Tal vez esta oquedad que nos estrecha/ en islas de monólogos sin eco». Porque al final, como bien enseña Villar: el amor sólo regresa a paraísos perdidos.

ROGELIO PERUSQUÍA

Rogelio Perusquía (Ixmiquilpan, Hidalgo, México. 7 de junio de 1981) Licenciatura en Lengua y Literaturas Hispánicas en la Facultad de Filosofía y Letras de la Universidad Nacional Autónoma de México. Fue incluido en *Tentación de decir. Primer antología de cuento y poesía.* (FFL-UNAM, 2004). Ha publicado en diversas revistas de circulación nacional e internacional. Con *La víspera de las visitaciones* fue merecedor del Premio Estatal de Poesía Efrén Rebolledo 2013 (Hidalgo).

About the editor

The poetry of **Marcela Villar**, Chile, is not only the temptation to perpetuate the moment, but the temptation — and condemnation that comes with it — to extract the memory of that maze of light that is love. And it is a maze of light because the poet lives, remembers and imagines with wisdom and serenity, and the sentence turns into a revelation.

Within that space of time detained as a spell, Villar shows, — notwithstanding the soul that rests in peace — a great concern for communicating with a loved one. She searches this communication through grammar and body, through the routine and confusion, and that communication with the beloved is found in nature, in contemplation and in that maze of light in every moment of sublime love. And that is still not enough, there is no way to reach a final understanding with the other because as José Gorostiza proclaimed, we are "Maybe this hole that we close / in islands of monologues without echo". Because in the end, as Villar well teaches: love returns only to lost paradises.

ROGELIO PERUSQUÍA

Rogelio Perusquía (Ixmiquilpan, Hidalgo, México. June 7, 1981) Masters in Hispanic Language and Literature at the Faculty of Philosophy and Humanities of the National Autonomous University of Mexico. Was included in *Tentación de decir. Primer antología de cuento y poesía.* (FFL-UNAM, 2004*)*. Has published in diverse magazines of both national and international circulation. Was a winner of the 2013 Efrén Rebolledo State Poetry Prize (Hidalgo) through *La víspera de las visitaciones.*

ANA MARÍA LORENZO GRACIA

Zaragoza, España, 1954. Mujer con cuatro raíces: Zaragoza fue su cuna; Dinamarca, su primera infancia; Pamplona, recogió su vida; Cantabria, le muestra el alma.

Comenzó a escribir desde muy niña: poesías, cuentos, relatos y diarios. Nacida en el seno de una familia de intelectuales, científicos y músicos, ella fue diferente al resto de sus hermanos y padre, sus estudios los dirigió al campo de las Letras. Una mujer de una anarquía racionalizada y soñadora. Pasó por momentos muy graves de salud, pero como superviviente, logró encauzar su vida. En la actualidad tiene doce libros de poemas, escritos y una novela. Cuatro publicados, dos más a punto de salir por medio de la Editorial Mablaz y PR Ediciones. También ha escrito en tres poemarios publicados en conjunto con otros poetas, así como colabora con diversas revistas digitales. Ha recibidos premios y menciones.

La poesía se ha convertido en su vida. Su vida es poesía.

El amor es lo único que tenemos, la única forma de ayudarnos los unos a los otros. El poeta manifiesta amor cuando lo expresa de una forma subjetiva, como producto del mundo privado de él. La pasión la manifiesta de una forma de aparente realidad, objetiva o subjetiva para recrearla. Ambas formas de expresión en poesía, las considero correctas y necesarias, pero dentro de su ámbito particular, no unidos, pues como decía Rilke: "La poesía no son sentimientos sino experiencias". El poeta sufre y goza de tanto sentir. Su poesía es dual, no puede cerrar los ojos ante sus deseos e ilusiones y menos ante el sentimiento amoroso. Como elemento esencial, el poeta revisa y analiza, interroga, acepta o destruye. De alguna forma, a través de sus versos, nos ayuda a explicar y transformar lo inabordable. Nuestros propios sentimientos y emociones, cual si fuera la conciencia del mundo.

Zaragoza, Spain, 1954. A woman with four roots: Zaragoza was her cradle; Denmark, her early childhood; Pamplona picked up her life; Cantabria shows her soul.

She began writing as a little girl: poems, tales, stories and journals. Born into a family of intellectuals, scientists and musicians, she was different from the rest of her brothers and father, her studies led her to the field of Literature. A woman of a rationalized and dreamy anarchy. She experienced some very serious health problems, but as a survivor, she managed to channel her life. She currently has twelve books of poems, other writings and a novel written. Four are published, two more ready to be published through Editorial Mablaz y PR Ediciones. She has also written three books of poetry published in conjunction with other poets, as well as her work with several online magazines. She has received awards and mentions.

Ana María Lorenzo Gracia
España

Poetry has become her life. Her life is poetry

Love is all we have, the only way to help each other. The poet expresses love when he expresses it in a subjective form, as the product of his private world. He manifests passion in the form of an apparent reality, either objective or subjective, to recreate it. Both forms of expression in poetry I consider correct and necessary, but within their particular contexts, not united, because as Rilke said: "Poetry is not feelings but experiences". The poet suffers and enjoys so much feeling. His poetry is dual, he cannot close his eyes to the desires and dreams and less so to the feelings of love. As an essential element, the poet reviews and analyzes, questions, accepts or destroys. Somehow, through his verse, he helps us explain and transform the unapproachable. Our own feelings and emotions, as if they were the conscience of the world.

CAMINOS

Entre mil caminos
intento expresar palabras
que no soy capaz de manifestar.

Tu aliento en la corriente
irá a algún pecho a guarecerse.
Más no me digas de quién;
sólo dime cómo te sentiste,
si su corazón latía de bondad.

Camino vigoroso que lleva el cuerpo
hacia un alma recta.

Oh, recuerda, pues
en tus horas oscuras,
qué cosas se mueven a tu alrededor,
quiénes a tu lado están,
que no sea la miseria
que la imaginación te da.

Rememora ese pecho que te acogió
y cómo latía su sangre y corazón.

ROADS

Among a thousand roads
I try to express words
I am not able to express.

Your breath in the breeze
will go to some chest for shelter.
But do not tell me who's;
just tell me how you felt,
if her heart beats in goodness.

Vigorous road leading the body
towards a good soul.

Oh, remember, because
in your dark hours,
what things move around you,
who are by your side,
let it not be misery
that imagination gives you.

Recall that chest that took you in
and how its blood and heart beat.

DE LA CEGUERA DEL AMOR

¿Quién dice que el amor es ciego?
Si tiene ojos muy grandes.
Piernas con las que correr y saltar.
Boca para besar.
Voz para gritar, cantar, reír...
Y esas manos para tocar.

No es ilusión.
Es la realidad del saberse entregar.

Señalados por los que no saben amar.
Locura, lo definen.
Ciegos, como enfermedad.
Mas, ¿quién es el que no ve?
Aquellos que rozan el cielo
o los que sólo miran sus pies.

OF THE BLINDNESS OF LOVE

Who says love is blind?
If it has very large eyes.
With legs to run and jump.
Mouth to kiss.
Voice to shout, sing, laugh...
And those hands to touch.

It is not illusion.
It is the reality of knowing how to surrender.

Identified by those who know not how to love.
Madness, they define it.
Blind, like a disease.
But, who is it that cannot see?
Those that touch the sky
or those who only look at their feet.

DEL AMOR PASADO

De aquel amor que sostuvimos,
ya no queda ni un testimonio,
ni un poema mal escrito.

Recuerdo las formas,
y percibo su olor.
Temo sean espejismos
de desiertos apagados,
que el horizonte da.

¡Oh, casa sin vida!
Fuiste tan bellamente decorada.
Y ahora, meses, años...
Enterrada.

Algo me sobresalta,
cuando más tranquila me siento.
Rescoldos de brasas vivas,
y un cubo de agua.

Estiércol que hice de historias viejas;
nuevas historias que son estiércol.
¿Habrá un sol de mañana?
¿Habrá una rosa en mi cama?
o se acabaron los versos.

ABOUT A PAST LOVE

From that love we shared,
now remains not even a witness,
nor a poem poorly written.

I remember the forms,
and I perceive its scent.
Fearing they are mirages
from inert deserts,
given by the horizon.

Oh, lifeless house!
You were so beautifully decorated.
And now, months, years...
Buried.

Something startles me,
when I feel calmer.
Embers of live coals,
and a bucket of water.

Filth I made of old stories;
New stories that are filth.
Will there be a morning sun?
Will there be a rose on my bed?
or the verses are over.

MÁRMOL LEJANO

Ya sola en la cama,
escucho en la ventana
al nocturno visitante.
Perfumado de hierro.
Destiñendo la pintura.

Vehemencia que desprecio,
pues ya mi cuerpo fue suyo.
Y con mentiras encarceladas estuve,
durante tiempos y tiempos.

Contempla desde los ventanales,
esa desnudez lasciva
que no volverás a tocar.

Ni la empalmarás con descaro,
apretando mis carnes a tu cuerpo.
Cabalgando con fuerza
entre mis muslos.

Recuerda...
Quédate en ese desierto,
pues ya mi lengua,
no se entrelazará a la tuya.
Se murieron las caricias.

Ya los jadeos originales del pecado,
derramaron sus flujos.
Ahogados han quedado.
¡No respiramos el mismo aire!

Así entenderás,
lo que son diez años de amor.
No recuperarás los momentos felices.
Latigazos que ahora te doy
por cada año de abusos.

Y recordarás, recordarás...
el sabor de mi piel,
el sabor de mis besos.
Entenderás en un solo momento,
qué significa un rayo de amor.

DISTANT MARBLE

Already alone in bed,
I hear in the window
the night visitor.
Scented of iron.
Fading the painting.

Vehemence I despise,
because my body was already yours.
And with lies I was imprisoned,
for days and times.

Contemplate from the windows,
that lascivious nudity
that you'll never touch.

Nor would your hands boldly feel,
squeezing my flesh to your body.
Riding hard
between my thighs.

Remember...
Stay in that desert,
because my tongue,
will not intertwine with yours.
The caresses died.

Now the original gasps of sin,
poured their torrents.
They've been drowned.
We do not breathe the same air!

So you understand,
what are ten years of love.
You will not recover the happy moments.
Lashes I now give you
for each year of abuse.

And you will remember, you will remember...
the taste of my skin,
the taste of my kisses.
You'll understand in a moment,
the meaning of a ray of love.

Llora, pues, lo perdido.
Llora, hombre,
ahora te toca a ti llorar.

Weep, then. for what is lost.
Cry, man,
now it's your turn to mourn.

SI YO SUPIERA

Si yo supiera en esta tarde de oro,
si yo supiera dónde encontrarte;
saber de tus andanzas,
al igual que de tus males.

Si yo supiera que tu corazón late,
que aún hay suspiros,
deseos de tomarme
y sueños de amor como vientos.

Si yo supiera que alas te han crecido,
y junto a mi corrieras.
Y ese abrazo, esa caricia,
esa mejilla apoyada en tu pecho.

Si yo supiera quién eres tú
que con ojos tan lejanos
no sé si tu mirada me alcanza,
ni si recuerdos pasan por tu cabeza.

Si yo supiera cada rítmica Luna que pasa,
si estás solo o en brazos de una amada.
¡Cómo la verdad viera,
en este cansancio de esperas!

Y a mi pesar, a rastras voy a tus espaldas.
De plata ya mi corazón volcado
por tan largo sendero
que nos separa tanto.

Y así paso el tiempo
mirando la quietud del agua
cada vez más pétrea,
en la lejanía.

IF I KNEW

If I knew in this afternoon of gold,
if I knew where to find you;
to know of your ventures,
as well as of your ills.

If I knew that your heart beats,
that there are still sighs,
desires to take me
and dreams of love like winds.

If I knew you had grown wings,
and beside me you could run.
And that hug, that caress,
that cheek resting on your chest.

If I knew who you are
that with eyes so distant
I do not know if your gaze reaches me,
nor whether memories run through your head.

If I knew each passing Rhythmic Moon,
if you are alone or in the arms of a lover.
How the truth used to see,
in this weariness from waiting!

And to my anguish, I drag myself onto your back.
To silver my heart turned
for such a long path
that separates us so.

And so time went by
watching the stillness of the water
increasingly stoned,
in the distance.

POEMA LÉSBICO

Hoy sentí algo roto.
Algo ya terminado.
Sentí el final de largos años
con un amor no avanzado.

Y fue cuando te vi,
ahí sentada,
con esos ojos de gata en celo
que me miraban con deseo.

Dije adiós a un pasado.
Me entregué desnuda a la vida.
Un sueño tan real
que la realidad se volvió sueño.

Amor descubrí en un instante,
en un instante de fuego.
Pasión escondida en el roce
de tus ansiados besos.

Que nadie sepa
que esta sed de tiempo,
encontró su calma
en tus frágiles aguas.

Amada, entre las almohadas.
Soy como humo de incienso,
violetas y lavanda.
Alas que te envuelven
con mis propias fragancias.

Deja que descansen mis labios,
en esos sensuales de tu boca;
que mis manos te acaricien,
que tus manos sean mías.

Que seas dueña de mi carne,
voluntad y sueño.
Entregada a tus ojos verdes,
como libélula perdida en tus pupilas.

LESBIAN POEM

Today I felt something broken.
Something already over.
I felt the end of long years
with a love not advancing.

And that's when I saw you,
sitting there,
with those eyes of a cat in heat
looking at me with desire.

I said goodbye to a past.
I gave myself naked to life.
A dream so real
that reality became a dream.

Love I discovered in an instant,
in an instant of fire.
Passion hidden in the brush
of your coveted kisses.

Let no one know
that this thirst of time,
found its calmness
in your fragile waters.

Beloved, among the pillows.
I'm like incense burning,
violets and lavender.
Wings that surround you
with my own fragrances.

Let my lips rest,
in those sensual ones of your mouth;
that my hands caress you,
that your hands be mine.

That you be master of my flesh,
will and dream.
Surrendered to your green eyes,
as a dragonfly lost in your pupils.

Y entre tus brazos,
se rompe el día
con una canción tuya,
mientras nos fumamos los segundos.

And in your arms,
the day breaks
with a song of yours,
while we smoke the moments.

FORMAS DE AMAR

Sé que he estado soñando.
Di vueltas en la cama,
tantas como los abrazos que te daba.
El timbre del reloj nos separó.
Te he observado
con esa bata de raso azul
mientras te preparabas el baño.
Desde mi escritorio,
quería concentrarme.
No podía.
Mi visión estaba en tus pies,
en esos blancos y descalzos pies.
Besaste mis cabellos.
¡Mi cuerpo vibró!
Soñé que eras un poema
que deseaba salir al mundo.
Que sus versos hablaran
de lo mucho que nos amamos.
Y sonrío, y vuelvo a imaginar
las mil formas de amar,
el influjo de la gravedad,
la historia del qué dirán...

Poema sagrado que escribo
en verde césped alado,
de un largo sendero
que nos lleva al cielo.

WAYS TO LOVE

I know I've been dreaming.
I rolled around in bed
as many times as the hugs I gave you.
The clock's alarm separated us.
I've observed you
in that robe of blue satin
while you prepared your bath.
From my desk,
I wanted to concentrate.
I could not.
My vision was on your feet,
in those white and bare feet.
You kissed my hair.
My body vibrated!
I dreamed you were a poem
wanting to go out into the world.
That its verses spoke
of how much we love each other.
And I smile, and again I imagine
the many ways of loving,
the influence of gravity,
the history of what people say...

Sacred poem I write
in a winged green lawn,
of a long path
that carries us to heaven.

HUMEDADES Y DESEOS

Húmedo y fresco el aire ronda.
Bancos de niebla salen del mar.
Mis pies descalzos acarician la arena
y la noche me envuelve como suave manto.
Sueño que veo tu rostro
frente a luces de farolas.
Lámparas que sonríen
tras el leve maquillaje
del anhelado encuentro.
Y ¡ay, amado mío!
Sé que me estás mirando.
Sé que observas mis huellas
y la transparente seda que me cubre.
Y aunque la bruma esconda mi cuerpo,
conchas del mar lo envuelve,
para entregártelo a ti
y lo desnudes.

MOISTNESS AND DESIRES

Moist and cool the air flows.
Mist banks leave the sea.
My bare feet caress the sand
and the night envelops me like a soft mantle.
I dream I see your face
in front of lantern lights.
Lamps smiling
after the mild makeup
of the desired encounter.
And, oh, my beloved!
I know you are watching me.
I know you are watching my footprints
and the transparent silk that covers me.
And although haze hides my body,
sea shells wrap it,
to deliver it to you
and you undress it.

APAGADA PASIÓN

Hay besos que ya no saben.
Hay abrazos que molestan.
Mi amiga, mi amante, mi esposa.
No sé dónde está.
Era precioso el amanecer juntos,
con los labios apretados
y los cuerpos enroscados.
Pero hoy... ¡qué beso hay!
Me cambiaste.
Cambié.
Estás y no estás.
Sólo excusas.
Y en nuestra cama
un muro se alza.
La pasión se ha marchado.
El calor se ha congelado.
Mi frío, tu frío.
He caído.
Ya sólo quedan lágrimas estériles.
¡Oh, dulces manos que me levantan!
No las conozco.
Ella tan lejana...
y aquí presente,
una nueva dama.

EXTINGUISHED PASSION

There are kisses now bland.
There are hugs that bother.
My friend, my lover, my wife.
I do not know where she is.
It was beautiful waking up together,
with our lips pressed
and our bodies coiled.
But today... what kiss is there!
You changed me.
I changed.
You are here and you're not.
Only excuses.
And in our bed
a wall stands.
Passion is gone.
Warmth is frozen.
My cold, your cold.
I've fallen.
There are only sterile tears left.
Oh, sweet hands that lift me!
Do not know them.
She so far away...
and here present,
a new lady.

EL LECHO

Soy paseante del agua del mar,
en una isla apartada.
Luz y brisa entre olas de espuma blanca
que se enredan entre el verde azul
que rompe en la orilla.

Aunque no tan suave como tu boca,
flor rosada de seda clara,
soy feliz con el tornasolado del vestido,
con alguna mota de polvo
que suavemente sacudo,
de los pliegues de la falda.

Ricas puntillas y tafetanes.
Ama, cuando bebas de sus labios,
cuando saborees ese rosado vino,
y conduzcas a tu amada
a este blando lecho.

THE BED

I am a seawater walker,
on a secluded island.
Light and breeze among waves of white foam
caught along the blue-green
breaking on the shore.

Although not as smooth as your mouth,
pink light silk flower,
I am happy with the iridescence of the dress,
with some speck of dust
that I shake gently,
from the folds of the skirt.

Rich lace and taffeta.
Love, when you drink from her lips,
when you savor that pink wine,
and you guide your beloved
to this soft bed.

ELINA TORRES VERDUGO

artesana de versos...

Nació en **San Fernando, Chile** en 1955. Ha escrito poesía, cuentos y ensayos desde su juventud y actualmente se dedica a la difusión y educación sobre la vida y obra de la poetisa chilena Teresa Wilms Montt. Es miembro de variados grupos en medios digitales como de organizaciones académicas. Su poesía ha sido publicada en antologías, blogs, revistas literarias, etc.

Ha participado de innumerables concursos de poesía y cuento y ha sido premiada con honores en diferentes ocasiones. Torres Verdugo no solo escribe sino también crea obras de arte que son una extensión de su lírica, los telares hechos con hilos y otros materiales que ellas expone en salas de arte y otros medios en la nación de Chile.

Como se ha mencionado anteriormente, la figura en la portada de este libro es creación artística de la señora Torres Verdugo.

artisan of verses...

Was born in **San Fernando, Chile** in 1955. She has written poetry, short stories and essays from her youth and today devotes herself to the diffusion and education about the life and work of the Chilean poet Teresa Wilms Montt. She is a member of various online groups as well as academic organizations. Her poetry has been published in anthologies, blogs, literary magazines, etc.

She has taken part in innumerable poetry and short story contests and has received honors in different occasions. Torres Verdugo not only writes but also creates works of art that are an extension of her poetry, her looms done with threads and other materials that are exhibited in art galleries and other media in the nation of Chile.

As has been previously mentioned, the figure on the cover of this book is an artistic creation of Ms. Torres Verdugo.

Elina Torres Verdugo
Chile

"MI CONTEMPLACIÓN EN EL SILENCIO LLEVA LA MÚSICA Y LA LUZ DEL AMOR"

En toda etapa transformadora del individuo, suele acontecer la gran metáfora de la esencia del Amor y esa única metáfora divide y subraya entre una realidad consciente, y el anhelo sobrenatural de vivir en una constante paz.

En efecto, toda criatura humana, adquiere aprendizajes, conocimientos y formaciones de manera constante. Estos pequeños bosquejos o miradas que supone el enriquecimiento interior, nos ofrecen a diario todos los impulsos amorosos que va generando el vínculo natural con la belleza del paisaje que nuestros sentidos perciben, ya sea de manera directa o indirecta según la cultura de cada pueblo.

Todo hombre, y toda mujer, puede y debe ser capaz de explorar la manera de prodigar ese don por las vías de la comunión del espíritu que es por sobretodo GRATUIDAD. En ninguna cultura se ha observado al hombre separado de la mujer, por cuanto es con el ser femenino que ese hombre comienza el aprendizaje de sentirse: amado y protegido (fuera de todo dominio). Del mismo modo, el sentimiento del amor, no puede sentirse "realizado", si antes no ha experimentado la ausencia de vínculo y para que el Amor trascienda a la poesía, es sin lugar a dudas, cuando el Ser, mitad humano, mitad divinidad, porta sobre sus brazos la gran antorcha de su propia luz.

En la poesía el amor realiza su viaje por fronteras inexploradas que le llevan a la única certeza de hallar la felicidad, en el plano de su máxima libertad.

Expresar el amor como un signo de belleza superior, nos reportará la mágica esencia del fin último del hombre, su propio Bien.

"MY CONTEMPLATION IN THE SILENCE CARRIES THE MUSIC AND THE LIGHT OF LOVE"

In every transforming stage of an individual, the great metaphor of the essence of the Love happens and this unique metaphor divides and underlines between a conscious reality and the supernatural longing of living in a constant peace.

In effect, every human creature acquires apprenticeships, knowledge and formations in a constant way. These small sketches or looks that the interior enrichment supposes, offer us daily all the loving impulses that the natural link with the beauty of the landscape that our senses perceive is generating, whether directly or indirectly according to the culture of each people.

Every man, and every woman, can and must be capable of exploring the way of lavishing this gift through the routes of communion of the spirit that is above all COST-FREE. In no culture has it been observed for man to be separated from the woman, since it is with the feminine being that this man begins the learning of feeling: loved and protected (outside of any coercion). In the same way, the feeling of love cannot be "realized" if before it has not experienced the absence of bonds, and in order that Love comes out of poetry, without a doubt, is when the Being, half human, half divinity, carries on his arms the great torch of his own light.

In poetry, love realizes its journey for unexplored boundaries that take it to the only certainty to finding happiness in the level of its maximum freedom.

Expressing love as a sign of utmost beauty will supply us the magic essence of the last purpose of man, his own Good.

DECIR

Fluyo en ti, en tu amada esencia,
en la sonora y cristalina efervescencia
de cánticos antiguos.
Subo a la montaña, donde inspiro
en silencios de hojas,
la única razón de hallarnos habitados.
Y recojo la manta sobre abonos amarillos,
que dejaste extendida sobre raíces,
y aprisiono en ellas, mis cinco sentidos,
para evocar la dulce ternura de tus manos,
y tu aliento y tu boca lenta...
sobre mi beso.
De algún modo te tengo,
sea consciente o inconsciente...
seas sueño o realidad,
seas vaso o agua de alguna fuente.
Así, Somos, ¡Amado Mío!
la perfecta canción de los gemidos.
Tú doblas la noche más plana
y la tuerces en planos mágicos
donde la visita nocturna
nos conecte,
y Seamos, entonces lo que Somos...
una abierta presencia.

TO SAY

I flow in you, in your dear essence,
in the sonorous and crystalline effervescence
of ancient canticles.
I climb the mountain, where I inspire
in silences of leaves,
the only reason to find ourselves inhabited.
And I gather the blanket on yellow nourishment,
which you left extended over roots,
and I imprison in them, my five senses,
to evoke the sweet tenderness of your hands,
and your breath and your gentle mouth...
over my kiss.
Somehow I have you,
conscious or unconscious...
be you dream or reality,
be you glass or water from some fountain.
This way, We Are, My Love!
the perfect song of the groans.
You fold the most flat night
and twist it into magic planes
where the nocturnal visit
connects us,
and Let Us Be, then what We Are...
an opened presence.

SILENCIO

Partituras y misterios desvanecidos
hilan en sombras, el pensar de los poetas.
Memorias subterráneas llevan en su cántaro
las manos inquilinas, adormecidas de nieves,
curtida madeja de trigales trenzados.
¿Es que acaso, huele el campo
el bordado de sus tristezas?.
Redoblada alfombra de musgos durmientes
lleva en su andar el labrador de los versos,
y junto a la almohada de varillas apiladas
duermen su siesta, los girasoles.
Es al vuelo de zorzales cantores
que buscan la curvatura de los atardeceres
inflamados y emana la sedienta respuesta
del día, que sólo vestido de azucenas
lleva en su danza lapidaria
un manojo de estrellas humedecidas,
frente perfecta
del anochecer, del hombre.

SILENCE

Scores and dispelled mysteries
spin in shadows, the thoughts of the poets.
Underground memories take in their vase
the inquiline hands, soothed of snow,
tanned hank of plaited wheat.
Is it that perhaps, the fields smell
the embroidery of their sadness?
Sturdy rug of sleeping mosses,
carries in his walk the cultivator of verses,
and close to the pillow of piled up rods
the sunflowers take their nap.
It is to the flight of thrushes singers
looking for the inflamed curvature of dawn
and the thirsty response of the day comes,
that only dressed in lilies
carries in his lapidary dance
a bunch of moistened stars,
perfect front
of dusk, of man.

SECRETO

A cincel voy esculpiendo en la pulpa
de mi alma tu recuerdo.
Fuimos hoja en otoño
y luna de invierno.
Una elegía que remonta las pisadas
que dimos, por tantos senderos.
Recuerdo tu estatura,
tu aroma, tu sonrisa,
aquellos libros inventados
sólo para verte, regresando
al interior de las páginas
y encontrar tu olor dulce
de amapolas.
Sembraste en medio de mi tiempo
calendarios ocultos,
que hoy, son misterios.
Un beso tuyo fue tatuado
en el rictus de la noche
como tallo bordado
y es prisionero de mi corazón.
Toda lágrima que por ti vertí,
fueron preguntas sin respuestas
en ese asiento que cada tarde
observo tan solo, porque yo
te llevo como un oculto llanto.
Déjame vaciar océanos en tu alma,
y que por fin sepas, que te guardo
entre mis cosas, como inocente secreto.

SECRET

I go sculpting with a chisel your memory
in the flesh of my soul.
We were a leaf in autumn
and the winter moon.
An elegy that mends the steps
we took, for so many paths.
I remember your stature,
your scent, your smile,
those books invented
only to see you, returning
to the interior of the pages
and to find your sweet smell
of poppies.
You sowed in the middle of my time
secret calendars,
that today, are mysteries.
Your kiss was tattooed
in the grin of the night
as embroidered stem
and is a prisoner of my heart.
Every tear that for you I shed,
were questions without answers
in that seat which every evening
I observe alone, because
I carry you as a hidden cry.
Let me empty oceans into your soul,
and for you to finally know, that I keep you
among my things, as an innocent secret.

ESA NOCHE, EL SUEÑO ESCONDIÓ NUESTROS ZAPATOS

Charla, música, versos, contrapunto
se volvieron las estrellas
celestinas ebrias,
al contemplar nuestra escena secreta
y un bandoneón madera de cisne,
golpeaba las sílabas ocultas de tu boca.
De una en una las cortinas de la noche
juguetearon a favor de nuestro desvelo.
¡Te Amo! – dijiste – y una erupción
de minerales... sujetos encima
de mi vientre,
rodó como un sollozo,
aguas abajo,
por aquella serpentina abierta
de tu vena de epitafios dorados.
Cuerpos sobre hojas color siena – fuimos –
y quedó olvidado el abecedario de tiempo,
donde cantaban los grillos
su ascendente nota,
y las rosas brotaron fuera del horario
levitando entre hebras amanecidas,
y un coloquio de inciensos y mostacillas
colgaste a la pared de mi regazo.
¡Esa noche, el sueño escondió
nuestros zapatos!
Y elevando el candil de tu llamarada...
supe desde siempre,
dónde escondías el misterio
para llevarme a la patria
de tu morada.
¡Te Amo! – susurrabas –
y barcas nuevas llegaron al muelle
donde vimos descargar toda la aurora
desde el palo mayor de nuestra llegada.

THAT NIGHT, THE DREAM HID OUR SHOES

Chat, music, verses, counterpoint
became drunk
Celestine stars,
when contemplating our secret scene
and a swan-wood bandoneon,
which was striking your mouth's hidden syllables.
One by one the curtains of the night
played in favor of our vigilance.
I love you! – you said – and an eruption
of minerals... held over
my womb,
rolled as a sob,
downstream,
around that serpentine opening
of your vein of golden epitaphs.
Bodies over sienna colored leaves – we were –
and the alphabet of time remained forgotten,
where the crickets were singing
their ascending note,
and the roses appeared late
levitating between dawned fibers,
and a colloquium of incenses and beads
you hung to the wall of my bosom.
That night, the dream hid
our shoes!
And raising the oil-lamp of your blaze...
I knew since forever,
where you hid the mystery
to take me to the country
of your dwelling.
I love you! – you whispered –
and new vessels came to the dock
where we saw the entire dawn unpack
from the mainmast of our arrival.

BARON

Digno de mí,
me dejo llamar, doncella,
porque brotaste desde las entrañas
del trueno, entumecida nube fui.
Me acariciaste entera,
como capullos santos
nacieron versos en tus manos.
En el manantial bautizante de los astros
donde dejaste que midiera con agua,
la desnuda copa del imperio.
Fuimos reyes sin corona, ni calzado,
ni demora...
fuimos en el alba, la cinta que a destellos
serpenteada de sonrisas,
engendraste la lumínica jornada,
donde todavía muerdo ansiosa
la flecha enredada de mi anhelo.

BARON

Worthy of me,
I let myself be called, maiden,
because you appeared from the bowels
of the thunder, numbed cloud that I was.
You caressed me entirely,
as holy cocoons
verses were born in your hands.
In the baptizing spring of the stars
where you allowed measurement with water,
the naked glass of the empire.
We were sovereigns without crown, nor footwear,
nor delay...
we were in the dawn, the lace that sparkles
curled in smiles,
you bred the luminous journey,
where I still anxiously bite
the tangled arrow of my longing.

ESTA NOCHE

Desgráname, en dos suspiros
apuéstame en tus silencios,
que la luna nos convierta
en maceta de lirios.
Y volveremos al principio
de las inertes hojas,
que buscando el laberinto
sean brotes de otras rosas.
Despiértame si es que puedes,
al aroma de los cerezos,
que rebosantes de misterios
escribamos sólo notas
salpicadas en la noche
del perfume enajenante
de tu cuerpo.

THIS NIGHT

Shuck me, in two whispers
bet me in your silences,
that the moon turns us
into pots of irises.
And we will return to the beginning
of the still leaves,
that looking for the labyrinth
are blossoms of other roses.
Wake me up if you can,
to the aroma of the cherry-trees,
and overflowing in mysteries
let's write only notes
splashed in the night
with the enrapturing perfume
of your body.

EN TU LECHO

Cubre de sonrisas
todas mis primaveras,
que Noviembre sea
la noche larga de los emblemas,
y el farol titilante en las esquinas
solfee el quieto rumor de las sirenas.
No te vayas, amor mío, solfee
suelta las amarras y hazte una vela.
Llévame, adentro, bien adentro
de las corolas que fijan las ideas.
Serás para siempre mi equipaje,
tu cuerpo, mi cama;
tu boca, una diana
que entone su murmullo
cuando al partir,
en este rostro,
ya no me veas.

IN YOUR BED

Cover with smiles
all my springtimes,
let November be
the long night of the emblems,
and the lantern flickering in the corners
solfege the quiet sound of sirens.
Do not go, my love, solfege
loosen the moorings and become a candle.
Take me, inside, deep inside
of the pedals that absorb the ideas.
You will be forever my luggage;
your body, my bed;
your mouth, a target
which intones its murmur
when upon leaving,
to this face
you no longer see me.

RELOJ DEL TIEMPO

¡Aquí espero, te busco, me quedo!
Me quedo, porque encuentro tu aroma de lirios
perfumando los sitios,
porque la ventana es angosta si no anoto tu nombre
sobre las lágrimas que descienden por las líneas
que bajan hasta la orilla.
¿Dónde estás?
¿Qué buscan tus ojos perdidos en la distancia?
Indago, leo, y releo todo aquello que quedó en la
pendiente de una despedida.
Te fuiste, sin separarte de mí...
¡Aquí estoy!, nunca te has marchado... ¡Aquí estoy, Amor!
¡Recupérame!
Vuélveme a los minuteros del reloj del tiempo,
Retórname la primavera bendita, que nos vio amanecer
y jugar encima de las olas y los delfines.
Amor Mío:
¿Dónde estás?

CLOCK OF TIME

Here I wait, I look for you, I stay!
I stay, because I find your aroma of irises
perfuming the places,
because the window is narrow if I don't write down your name
over the tears that descend on the lines
that go down to the edge.
Where are you?
What do your lost eyes look for in the distance?
I search, read, and reread all that remained in the
pendant of a farewell.
You left, without leaving me...
Here I am! You had never left... Here I am, Love!
Get me back!
Turn me into the minute-hands of the clock of time,
Return to me the blessed spring, which saw us awaken
and play on the waves with the dolphins.
My love:
Where are you?

TE FUISTE

Te vas, regresas, vuelves a partir.
Sobre la mesa has dejado un clavel jaspeado
con ocho pétalos, que descifro,
¡Me quieres, mucho, poquito, nada!

La densa niebla que tras las madrugadas
agolpan mis ojos esperándote, escribiéndote
sumergida entre lágrimas
Voy,
me miento,
te excuso, me lamento.
Y un bagaje de entristecida realidad soporta
el misterio de esto que somos.

Y luego, voy, y viajo, y me entrelazo a la noche
féretro de manillas gastadas,
de milenarios perfumes de esencias viajeras
que penetradas y satisfechas,
urden el tejido microscópico
del silencio.

Estás en el mundo, atrapado, prisionero, esclavo...
ofreciendo de ti la mercancía abstracta de tus laberintos,
santuario desprotegido, de diminutas travesías.

Las canciones resuenan, a ritmos falaces en medio
de la boca ancha de la angustia.
Y sus cuerdas aflojan el último delirio de tu beso
esfumado, dolorido, agonizado, ¡muerto!, ¡muerto!

¿Qué has hecho conmigo,
que tu noche no se parece a la mía?

YOU LEFT

You leave, return, leave again.
On the table you have left a mottled carnation
with eight petals, which I decipher,
You love me, you love me not!

The dense haze that after the dawns
my eyes pile up waiting for you, writing to you
plunged among tears
I go,
I lie to myself,
I excuse you, I lament.
And a baggage of saddened reality supports
the mystery of what we are.

And then, I go, and travel, and interact in the night
coffin of worn-out manacles,
of millennial perfumes of travelling essences
which, penetrated and satisfied,
knit the microscopic fabric
of silence.

You are in the world, trapped, prisoner, slave...
offering of yourself the abstract goods of your labyrinths,
unprotected sanctuary, of tiny voyages.

The songs resound, to fallacious paces in the middle
of the mouth broad with anguish.
And its strings slacken the last delirium of your
softened, aching, agonizing, dead!, dead, kiss!

What have you done with me,
that your night does not seem like mine?

OBSERVACIÓN

No quiero dormirme, no;
sobre el mármol oscurecido de la noche,
dos ojos me miran, me observan sigilosos,
empujándome al precipicio de las horas.

Busco entre las ideas que merodean
en mi cabeza, y estallan y resuenan
y oscilan como una tormenta hereje
que me quiebra, y anuda sobre
los cordeles imperantes del silencio.

No quiero dormirme, no;
hay letras que van tejiendo
sobre lámparas desvanecidas
la triste sombra que,
de ser figura;
lame entre voces ahuyentadas
y lastimeras.

No quiero dormirme, no;
deslizo a jirones la tela del abanico
que impulsa el deletreo de tu forma
ahuecada, morbosa... siniestra.

No quiero dormirme, no;
son cuatro los reflejos que percibo,
los de tus cuencas, y los del océano
que atrapan mi grito.

OBSERVATION

I do not want to sleep, no;
over the dark marble of the night,
two eyes stare at me, observe me vigilantly,
pushing me to the precipice of the hours.

I search among the ideas that prowl
in my head, and they explode and resound
and oscillate as a heretic tempest
that breaks me, and knots me on
the commanding cords of silence.

I do not want to sleep, no;
there are letters that are weaving
over dissipated lamps
the sad shade that,
of being a figure;
licks between banished
and pitiful voices.

I do not want to sleep, no;
I slide to shreds the fabric of the fan
that stimulates the spelling of your form:
hollow, morbid... sinister.

I do not want to sleep, no;
there are four reflections that I perceive,
those of your hollows, and those of the ocean
that traps my scream.

ANDRÉS CAMACHO

Nace en la provincia de **San Juan, República Argentina**, 1979. Estudié más que nada por gusto, pero nunca llegué a obtener ningún título de grado, de ninguna universidad. Tal vez en un futuro; este año retomo mis estudios de Filosofía, en la Universidad Nacional de Tucumán; provincia en la que vivo desde 2010.

En 2008, la editorial independiente LA SALAMANCA, publica mi primer librito de poesía, en la provincia de San Juan, en ocasión del "Encuentro de Escritores del Oeste"; el título del mismo: "*Las Flores de la Decepción*".

Así mismo, por aquellos años (2000–2010), colaboré activamente en publicaciones de revistas literarias locales, con poesías y textos de tono filosóficos.

En enero de 2009 contraje matrimonio con una antigua compañera de la carrera de Letras; y en septiembre de 2010 nace mi hijo, Álvaro Agustín. Al poco, pido el traslado en mi trabajo, desde San Juan a Tucumán. Desde entonces, aquí ando y soy un invisible. Cosa que no me molesta para nada.

"Sobre el amor y la pasión, en relación con el quehacer del poeta"

"Amor y pasión son dos y el mismo tema en mi poesía, no los concibo como cosas separadas. El amor es el motor primero, síntesis de Platón y Aristóteles. El poeta no es ajeno a las tormentas del espíritu y el corazón; es hasta una encarnación de las mismas en su lenguaje. Desbordado, a veces, es cuando, o no escribe o escribe en demasía, que nunca es demasiado."

Born in the province of **San Juan, Argentina**, 1979. I studied mostly for fun, but I never did get any degree from any university. Maybe in the future; this year I return to my studies in Philosophy at the National University of Tucumán; I live in the province since 2010.

In 2008, the independent publisher LA SALAMANCA published my first little book of poetry, in the province of San Juan, during the "Conference of Writers of the West", its title: "*The Flowers of Deception*".

Andrés Mauricio Camacho
Argentina

Likewise, in those years (2000-2010), I actively collaborated in local literary magazine publications, with poetry and text with philosophical tone.

In January 2009 I married an old girlfriend from college; and in September 2010 my son, Alvaro Augustin was born. Recently, I transferred my work from San Juan to Tucumán. Since then, I'm here and I'm invisible. Which does not bother me at all.

"About love and passion, in relation to the work of the poet"

"Love and passion are two and the same theme in my poetry, I do not think of them as separate things. Love is the first engine, synthesis of Plato and Aristotle. The poet is no stranger to storms of spirit and heart; it's even an incarnation of the same in his language. Overwhelmed, sometimes, is when he doesn't write or does write excessively, that it's never excessive."

SEA EL AMOR

Sea el amor
luz y vida...

y sea tu mirada
el brillo urgente y la gracia
que roba el sol
cada mañana
cuando abres los ojos.

Sea el amor
el alimento de mis versos
y la carne que viste tu ausencia.

Sea el poema
el alma de nuestro secreto
y el hogar de nuestras esperanzas.

Sea el amor, en fin, la gracia
la bendición
y tus besos.

LET IT BE LOVE

Let it be love
light and life...

and let it be your gaze
the urgent shine and grace
that steals the sun
every morning
when you open your eyes.

Let it be love
the nourishment of my verses
and the flesh that arrays your absence.

Let it be the poem
the soul of our secret
and the home of our hopes.

Let it be love, at the end, the grace
the blessing
and your kisses.

TE AMO

Hay días en los que me cuestionas
hasta cuando te digo "te amo"
pasas de ser un frente infranqueable
a quebrar filas de tu propia vanguardia.

Mandas al muele como a soldaditos de papel
a todos tus argumentos de niña asustada
y para disimular ante mi ofensiva amorosa
te guardas tras los muros de unos gestos
esgrimidos hasta con cierta torpeza.

Si uno supiera en qué va a devenir
un simple y sentido "te amo"
no daría crédito a aquello
de que en el amor y en la guerra todo vale.

Y como en el amor
y en la guerra todo vale
qué mayor estrategia de mi parte
que decirte y repetirte hasta el cansancio:
te amo... te amo... te amo.

I LOVE YOU

There are days when you question me
even when I say "I love you"
you go from being an insurmountable front
to breaking ranks in your own vanguard.

You send to the ground as paper soldiers
all your scared girl arguments
and to conceal yourself from my love offensive
you stay behind the walls of some gestures
developed with some clumsiness.

If one knew what will become of
a simple and meaningful "I love you"
one wouldn't give credit to
"in love and war anything goes".

As in love
and war anything goes
what greater strategy for me
than to tell you and repeat to you ad nauseam:
I love you... I love you... I love you.

TE CREO

Claro que te creo, amor;
te creo
cuando brillas día
pero también
te creo noche
y te creo fuego.
Te creo, también
agua clara
y brisa fresca.
Te creo...
claro que te creo, amor
¿cómo sería entonces,
todo,
si en lugar de creerte
no te creyera nada?

I BELIEVE YOU

Of course I believe you, love;
I believe you
when you shine day
but also
I believe you night
and I believe you fire.
I believe you, also
clear water
and fresh breeze.
I believe you...
of course I believe you, love
how would it be, then,
entirely,
if instead of believing
I didn't believe you at all?

TE INTUYO

Te intuyo diminuta y explosiva
de taconeos prepotentes
dueña, ama y señora de los espacios
los cantares... y las miradas extasiadas
de los gitanos. Te intuyo
guitarra flamenca, abanico y fuego;
y mirada de puñal que mata
dulcemente... y con pasión.
Te intuyo arpegio, voz desgarrada
tabaco, ron y noche concentrada.

I INTUIT YOU

I intuit you tiny and explosive
with arrogant stomping around
owner, Lady and master of the spaces,
the songs... and ecstatic looks
of the gypsies. I intuit you
Flamenco guitar, fan and fire;
and dagger stare that kills
sweetly... and with passion.
I intuit you arpeggio, broken voice
tobacco, rum and concentrated night.

AHÍ DONDE NO ESTÁS

Disfrazas de colores el negro día
y llegas a mí en cada rayo de sol;
me despiertas para recordarme
que más me vale pensarte que extrañarte,
más desearte que olvidarte

y es que es tu sombra
la que se diluye próxima a mí,
a cada vuelta o revés de mis pasos.

Así... si mis pasos son silenciosos,
los tuyos son el silencio mismo.
Entonces, me acostumbro a sentirte
ahí donde no estás.

THERE WHERE YOU ARE NOT

You disguise the black day in colors
and come to me in every ray of sunshine;
you wake me up to remind me
that I better think of you instead of missing you,
to want you more than to forget you.

and it's your shadow
which is diluted next to me,
at each turn or reverse of my steps.

So... if my steps are silent,
yours are silence itself.
Then, I get used to feeling you
there where you are not.

TAN BREVE QUE NO ESTÁS

Hoy no voy a mentirte, te pienso
con la misma concentración
de aquél que ama,
pero con la diferencia mínima...
de aquél que ya no siente nada.

Si es que acaso, pensarte
significase que ya no te siento, claro.

Pero como he comulgado
tantas otras veces con tus antojos,
hoy se me hace difícil de distinguir...
pensarte de sentirte.

¡Ay, este oficio de quererte!
tan breve en el espacio,
tan efímero en el gesto,
y tan sutil en esta ausencia.

SO BRIEF THAT YOU ARE NOT

Today I am not going to lie, I think of you
with the same concentration
as one who loves,
but with the minimal difference...
of that one who now does not feel anything.

If by any chance, to think of you
meant that already I do not feel you, of course.

But since I had communion
so many other times with your caprices,
today it becomes very difficult to distinguish...
thinking of you from feeling you.

Ah, this craft of loving you!
so brief in space,
so ephemeral in the gesture,
and so subtle in this absence.

MIENTRAS TANTO

En lo que vienes de andar
por mis pensamientos,
pensé además,
en sentarme a esperar
a que te me pases.

Lo cierto es que mientras tanto
me preparo un café al gusto de los dos
y recito aquellos versos
en los que tú y yo éramos
la intuición de un solo cuerpo.

MEANTIME

As you come walking
through my thoughts,
I also thought,
to sit and wait
until you go past me.

The truth is that in the meantime
I prepare a coffee for both our tastes
and I recite those verses
in which you and I were
the intuition of only one body.

ME JUEGO A QUE ESTÁS

Bien no sé dónde, ni cómo, ni con quién
pero me juego a que estás
te presiento en el silencio
en el gesto de la ausencia
en la tarde que me llega
en la noche que se anuncia

Me juego a que estás
me lo dicen mis ganas de tenerte
mi forma de extrañarte
la inevitable locura de nombrarte
como llamándote
en voz baja, imperceptible

Me juego a que estás
-y no muy lejos-
pues te siento a pocos pasos
casi mordiendo mis sombras
o por sobre mis hombros
cuando dormito frente al teclado
Me juego a que estás
aún cuando así no lo quieres
aún cuando huyes por las mañanas
antes de que despierte
y te busque entre las sábanas
o en el costado más tibio de la cama

Me juego a que estás
cómo no hacerlo si te adivino
en donde quiera que sea que estás
riendo a carcajadas limpias
al leer estas desdichadas palabras.

I PRETEND YOU ARE HERE

Well I do not know where, or how, or with whom
but I pretend you are here
I am aware of you in the silence
in the gesture of the absence
in the afternoon that arrives
in the night that announces itself

I pretend you are here
I'm told by my desire to have you
by my way of missing you
the inevitable madness of naming you
calling you
quietly, imperceptibly

I pretend you are here
-and not too far-
for I feel you just a few steps away
almost biting my shadows
or over my shoulders
when I nap in front of the keyboard
I pretend you are here
even if you do not want it
even if you flee in the morning
before I wake up
and I look for you between the sheets
or in the warmer side of the bed

I pretend you are here
how can I not if I perceive you
wherever it is you are
laughing out loud thunderously
when reading these unfortunate words.

TE SUEÑO

¿Para qué soñarte cuando duermo y nada más?
Y es que duermo tan poco...
tan poco
que vale más
cuando te sueño despierto
que es algo así como soñarte todo el día.

Y es que te sueño
en franco diálogo con mis sombras
te sueño cuando cenamos
te sueño cuando almorzamos
cuando decides qué hay de postre

Te sueño cuando a la hora del baño
y con los ojos enceguecidos por el shampoo
no sé si son mías las manos que tocan
o si eres tú
o si son mis sueños de tanto soñarte.

Ya ves, es mejor que te sueñe despierto
y no cuando duermo...
que es tan poco
tan poco.

I DREAM YOU

Why dream of you when I sleep and nothing else?
And I sleep so little...
so little
that it's worth more
when I daydream you
which is something like dreaming of you all day long.

And I dream of you
in unguarded dialogue with my shadows
I dream of you when we dine
I dream of you when we have lunch
when you decide what's for dessert

I dream of you when it's bath time
and with eyes blinded by shampoo
I do not know if it's my hands that are touching
or if it's you
or if they are my dreams from dreaming of you so much.

You see, it's better to daydream of you
and not when I sleep...
which is so little
so little.

VENDRÁS

Y aunque tardes en llegar
he consagrado mi vida a la espera;
vendrás a la hora que quieras
y para no ofenderte a tu llegada
he preferido sacrificar
todas mis horas a un desvelo.

Vendrás pequeña
diminuta
precoz
libre
ala
vuelo
anhelante
con fuerza de dios
o con delicadeza de madre.

Vendrás poema
verso, ritmo, desgarro...
vendrás como se te plazca
si es que acaso se te place llegarte
y vendrás
diminuta
precoz
libre
ala
vuelo
anhelante
con fuerza de dios
o delicadeza de madre.

YOU WILL COME

And even though you arrive late
I have devoted my life to waiting;
you will come when you want
and to not offend you upon your arrival
I prefer to sacrifice
all my hours to one wakefulness.

You will come small
tiny
precocious
free
wing
flight
longing
with a god's strength
or with a mother's gentleness.

You will come as a poem
verse, rhythm, tear...
you will come as you please
if perhaps you wish to arrive
and you will come
tiny
precocious
free
wing
flight
longing
with a god's strength
or with a mother's gentleness.

MIGUEL ALCANTUD CAYUELA

Cartagena, España, 1951. Comienzo a escribir sobre los 12 años, principalmente poesía rimada durante dos años. Posteriormente, coincidiendo con la enfermedad y muerte de mi madre, se acentúa la producción poética hasta derivar paulatinamente hacia el verso libre.

Sobre los 18 años, acudo a certámenes locales obteniendo los primeros galardones de tipo local, culminando en la Flor Natural en los Juegos Florales de La Palma. Después se produce un paréntesis de larga duración en el que apenas escribo. Una vez alcanzada la madurez retomo la producción poética, y apoyado en los comienzos de las redes literarias, público mi primer libro de poemas a través de BUBOK, este primer libro titulado CUARTO MENGUANTE, tiene poca difusión dando lugar a otro periodo de escasa producción.

Es hace dos años cuando retomo la poesía, con un carácter más maduro, decantándome definitivamente por la poesía de corte intimista y pasional, con tintes románticos y eróticos hasta dar lugar al libro EL ÚLTIMO BARCO AL INFINITO, que término de escribir hace aproximadamente un año, y que ahora ve la luz.

Actualmente he terminado un siguiente libro titulado LA MIRADA UMBRÍA que está a la espera, y trabajo en un tercero que es el que ahora está escribiéndose.

EL AMOR EN LA POESIA

Para un poeta que basa casi toda su creación en el amor y el desamor, poco puedo decir más, únicamente que pienso que el amor es el eje fundamental de la poesía, el amor carnal y el amor espiritual, y sobre todo el desamor, que, probablemente debe ser el causante de los más bellos versos que se hayan escrito.

Desde la edad media hasta nuestros días, el amor ha estado presente en la poesía a través de autores como El Arcipreste de Hita con El Libro del Buen Amor, pasando por el renacimiento con Dante, Petrarca y Bocaccio y luego por el Romanticismo con Gustavo Adolfo Bécquer, para llegar hasta nuestros días, a través de genios como Pablo Neruda, y muchos otros más.

Cartagena, Spain, 1951. I started writing at about 12 years old, mostly rhymed poetry for two years. Subsequently, coinciding with the illness and death of my mother, my poetic production is accentuated to lead gradually towards free verse.

At about 18 years old, I go to local competitions obtaining my first awards, culminating in the Natural Flower in Floral Games in La Palma. Then I go through a long hiatus were I rarely write. Once I reached maturity I restart poetic production, and sup-

Miguel Alcantud Cayuela
España

ported in the early stages by the networking groups, my first book of poems by BUBOK is published, this first book is called LAST QUARTER, and has little diffusion leading to another period of low production.

It's two years ago when I return to poetry, with a more mature character, definitely singing to the poetry of the intimate and passionate court, with romantic and erotic shades leading to the book THE LAST SHIP TO INFINITY that I finished writing about a year ago, and now has come to light.

I have currently completed a book entitled THE SHADY LOOK that is awaiting its turn to be published, and I'm working on a third which is now being written.

LOVE IN POETRY

For a poet who bases most of his creation in love and heartbreak, I can say little more, only that I think love is the cornerstone of poetry, carnal and spiritual love, and above all heartbreak that's likely to be the cause of the most beautiful poems ever written.

From the Middle Ages to the present day, love has been present in poetry by authors such as the Archpriest of Hita with The Book of Good Love, through the Renaissance with Dante, Petrarch and Boccaccio and then through Romanticism with Gustavo Adolfo Bécquer, to reach today, through greats like Pablo Neruda, and many others.

A QUEMARROPA

En el alba ausente de tu voz dormida
amanecí,
liviano,
incandescente.

En la senda tenue de tu piel cansada,
hizo noche el aire salobre
de una lágrima,
y nos vestimos de mar
entre las olas del alma.

Nos encontró el amor
en ese laberinto tembloroso
que puso tu boca al viento,
cimbreando tu cintura
entre la danza ardiente
de tu ropa.

Y fue distinto el latido,
y el grito de tu entraña
fue volcán,
vertiendo la lascivia de mi boca...

A veces se me olvida que te siento,
que nada es más verdad que tu mirada,
que el cielo son tus senos,
meciéndose al vaivén de mi locura,
que el mar es tu cintura
y el sol, debió nacer
en la espesura brutal que me provoca.

Nos encontró el amor una vez más...
a quemarropa.

AT POINT BLANK

In the dawn missing your weary voice
I woke up,
lightweight,
incandescent.

In the dim path of your tired skin,
the salty air of a tear
made night,
and we dressed as sea
between the waves of the soul.

Love found us
in that trembling labyrinth
that put your mouth to the wind,
undulating your waist
amongst the fiery dance
of your clothes.

And the beat was different,
and the cry of your innermost
was volcano,
pouring lust from my mouth...

Sometimes I forget that I feel you,
that nothing is more true than your gaze,
that heaven is your breasts,
swaying to and fro from my madness,
that the sea is your waist
and the sun, must have been born
in the brutal thickets that tempt me.

Love found us once again...
at point blank.

BOCA A BOCA

Tengo la piel dormida en la mañana
de tu cristal ausente, repentino,
inquietamente ahogada en siglos de poesía,
violentamente estéril,
marinada en los surcos de tu boca.

     Es cierto que aún se alcanzan
las sombras de tus senos,
que todavía te nombro como si aún durmieras
en mi olvido,
que nada se ha marchado,
que el silencio no es más que un canto de temores
en el húmedo mar de tu cintura.

     Es cierto que aún se mueven
tus piernas entre linos,
que sabe a madrugada tu recuerdo
que aun sangran en mi boca
los salitres torrentes de tu sexo azabache,
y en tus manos germinan
mis nevados volcanes de luna desbordada.

     Ahora,
cuando te veo dormida en la penumbra,
en el milímetro vital de la distancia,
quisiera penetrar entre tus sueños
para olvidar que existe otro camino,
que más allá, quizás hay otro aroma...

     Hoy quiero que mueran las palabras
en los inmensos valles
de la ropa que ausente nos contempla,
en la mágica quietud de tu figura,
en la locura febril de recorrerte,
palmo a palmo,
boca a boca.

MOUTH TO MOUTH

My skin is asleep in the morning
from your absent crystal, suddenly,
uneasily drowned in centuries of poetry,
violently sterile,
marinade in the grooves of your mouth.

    It is true that I still reach
the shadows of your breasts,
that I still name you as if you slept
in my oblivion,
that nothing has left,
that silence is but a song of fears
in the humid sea of your waist.

    It is true that your legs still
move between linens,
that your memories know in early mornings
that still bleeding in my mouth
are the nitrate streams of your jet-black sex,
and in your hands germinate
my snowy volcanoes of overflowing moon.

    Now,
when I see you asleep in the dark,
in the vital millimeter of distance,
I would like to penetrate amongst your dreams
to forget that there is another way,
that further away, maybe there is another scent...

    Today I want my words to die
in the immense valleys
of the clothing that absent contemplates us,
in the magical quietness of your figure,
in the feverish madness of going all over you,
inch by inch,
mouth to mouth.

CONFIESO

Confieso que busqué la boca
donde vivir eterno la palabra,
en el inmenso rumbo,
silenciosas esperas de nácar te vistieron
y te creé dichosa a veces,
atormentadamente real en mi propia vanidad,
en mi miedo.

Confieso que viví los cuerpos
hasta el límite voraz de mi locura.
Que dejé semblantes, nostalgias,
senderos de pasión incontrolada,
amaneceres de ausencia.

Confieso que bebí en arroyos vírgenes,
que amordacé sentimientos,
que pasé como el rayo incandescente
ahogando mentiras escondidas
en canciones tenues;
que robé ilusiones pintadas de adolescencia.

Confieso que he manchado desamores,
que he gozado de penas confesadas,
que he reído con disfrazados llantos
y he llorado con risas.
Que he pagado con monedas de desprecio
envueltas en melodías sutiles.

No sé por qué esta noche repaso mi silencio
mirándote dormida en la distancia,
sintiéndome desnudo entre tus brazos,
libre, en la extensión más pura de tu cuerpo,
atrapado en el amor que nunca vino a visitarme.

No sé por qué,
buscándote en los triunfos de mi carne,
esta noche el alma me traiciona.

A solas con mi vida,
confieso que te amo.

I CONFESS

I confess I searched for the mouth
where to live eternally the word,
in the immense course,
quiet expectancies dressed you in mother-of-pearl
and I created you sometimes blissful,
tantalizingly real in my own vanity,
in my fear.

I confess that I lived the bodies
to the ravenous limit of my madness.
That I left faces, nostalgia,
paths of uncontrolled passion,
dawns of absence.

I confess that I drank in pristine streams,
I gagged feelings,
that I passed by as an incandescent beam
drowning hidden lies
in subdued songs;
that I stole painted illusions of adolescence.

I confess I've stained heartbreaks,
I've enjoyed confessed sadness,
I've laughed with disguised tears
and cried with laughter.
That I've paid with coins of contempt
wrapped in subtle melodies.

I do not know why this night I review my silence
looking at you asleep in the distance,
feeling myself naked in your arms,
free, in the purest extension of your body,
trapped in the love that never came to visit me.

I do not know why,
looking for you in the triumphs of my flesh,
tonight the soul betrays me.

Alone with my life,
I confess that I love you.

EL AIRE SE HA VUELTO COTIDIANO

Como la luz que agota las renuncias,
con el ánimo audaz
envuelto en los silencios de mi grito
te recuerdo,
suave como las palabras,
como los miedos pausados que me anuncian,
como las albas rotas,
desarboladamente tenues,
como las madrugadas azules
de tu boca temprana,
entre las voces de raso...
te recuerdo.

Y te amamanto en mis venas
como la vida que acusa,
que azota las penumbras de sentimiento
y llena los espejos de palabras,
y guarda los olvidos
en los caminos del alma.

Qué inmensamente lejos quedaron
los pasos perdidos de tu mirada acuarela,
el sedoso sendero de tu boca oculta,
el sonido del agua sobre tu cabello,
el alba resumida entre tus dedos de niña,
el universo condensado de tus senos,
el altivo desafío de tus pezones,
el pecado irredento de tus piernas
y el manantial oculto que sació
mi insaciable boca adolescente.

Como la luz que baña tu silencio,
dormida en la penumbra de la alcoba
te grita mi agonía,
que aún tenemos vida por delante,
levántate y derriba las murallas,
que el aire se ha vuelto cotidiano,
y el deseo,
y el tiempo,
y tú,
y yo.

THE AIR HAS BECOME ROUTINE

As the light that drains the rejections,
with the bold spirit
wrapped in the silence of my cry
I remember you,
smooth as the words,
as the paused fears announcing me,
as broken dawns,
treelessly tenuous
as the blue dawns
of your early mouth,
between the voices of satin...
I remember you.

And I nurse you in my veins
as the life that accuses,
plaguing the shadows of feelings
and the mirrors with words,
and keep the oblivions
on the roads of the soul.

So immensely far away stayed
the lost steps of your watercolor stare,
the silky trail of your hidden mouth,
the sound of the water on your hair,
the concise dawn between your girly fingers,
the condensed universe of your breasts,
the haughty challenge of your nipples,
the unrepentant sin of your legs,
and the hidden spring that satiated
my insatiable adolescent mouth.

As the light that bathes your silence,
asleep in the darkness of the bedroom
my agony yells to you,
we still have life ahead,
get up and tear down the walls,
the air has become routine,
and desire,
and time,
and you,
and I.

ENTRE LUNAS

      Ayer, dormido de nuevo,
en el errante amparo de tu recuerdo
quise bañarme en mágicos vacíos,
en miedos inquietantes,
en los azabaches azules
de la cerrada noche de tu pelo.

      Ayer dormí en las lunas de tu boca
casi despierto,
teniéndote en mis brazos sin tenerte,
fundiéndome en la nieve de tus senos,
hundiéndome en la entraña vital
que me provoca,
entre los arenales de tu espalda.

      Ayer bajé a las llanuras de tu cuerpo,
bebí los manantiales de tu vientre
y te sentí dichosa
naciendo entre mis manos,
volando hacia los cielos tenues
de mi tiempo detenido.

      Y yo te tuve así,
en el eterno caudal de un segundo
de sueño,
en el inmenso calor de un deseo
vivido en el suave sabor de una brisa,
en el aroma de sal
de una noche sin tiempo.

BETWEEN MOONS

       Yesterday, asleep again
in the wandering protection of your memory
I wanted to bathe in magic voids,
in disturbing fears,
in the black amber blues
of the dark night of your hair.

       Yesterday I slept on the moons of your mouth
almost awake,
having you in my arms without having you,
melting into the snow of your breasts,
sinking into the vital depths
that tempt me,
in the quicksand of your back.

       Yesterday I went down to the plains of your body,
I drank the springs of your womb
and I felt your happiness
born in my hands,
flying towards the dim skies
of my arrested time.

       And I had you like that,
in the eternal flow of a moment
from a dream,
in the immense heat from a desire
lived in the smooth taste of a breeze,
in the salty aroma
of one night without time.

HACE TIEMPO QUE ANOCHECE

Hace tiempo que anochece
con la fría lentitud del calendario,
como el aire plomizo
que alumbra los ocasos de tu boca dormida.

Hace tiempo que yaces
en el mármol monótono que calla
y otorga,
en el gélido páramo
preñado de olvidos inconscientes,
entre horas planas
y miradas vacías,
entre los bosques sin aire,
entre la sal y la arena,
en la calma eterna de una mar
que repudia galernas y tormentas.

Hace tiempo que habitas entre sombras
y nada construye las palabras,
y las sábanas huelen a vainilla
y tu piel apenas templa nuestra alcoba,
y no recuerdo nada
que altere el pensamiento.

Y yo, me visto de lunas cada noche
hasta las albas del agua,
en los confines de alcoholes baratos
amargamente solo a tu lado,
perfectamente unidos,
impecablemente muertos.

Hace tiempo que somos
páginas interminables de una historia anunciada,
de un futuro perfecto, de una foto
enmarcada sobre un mueble pulcro,
en una casa pulcra, perfecta sepultura
donde enterramos...
¿pasiones?

IT'S BEEN A LONG TIME SINCE IT GOT DARK

It's been a long time since it got dark
with the cold lethargy of the calendar
as the leaden air
that enlightens the sunsets of your quiet mouth.

It's been a long time that you lie
in the monotonous marble that gives
and grants,
in the frozen wasteland
expectant with unconscious forgetfulness,
between flat times
and blank stares,
between airless forests,
between salt and sand,
in the eternal calm of a sea
repudiating gales and storms.

It's been a long time that you live among shadows
and nothing builds words,
and the sheets smell like vanilla
and your skin barely warms our bedroom,
and I do not remember anything
that alters the thought.

And I, I get dressed in moons every night
until the dawns of water,
within the confines of cheap alcohol
bitterly alone by your side,
us perfectly united,
impeccably dead.

It's been a long time that we are
endless pages of an announced story,
of a perfect future, from a photo
framed on a neat piece of furniture,
in a spotless house, perfect sepulture
where we buried...
passions?

HICIMOS MÁS QUE AMOR

Hicimos algo más que amor
aquellas horas dulces que recuerdo
atado a la penumbra de tu ropa,
enredado en el látigo febril
de tu cintura.

Hicimos mucho más
que una locura, o mil...
quebramos con palabras obscenas
la noche en estallidos,
nos deshicimos en aguas turbulentas,
en pieles de coral y lenguas de lascivia,
amamantamos y herimos
desconocidamente nuevos.

Inventamos lugares y costumbres
y nos supimos ausentes,
distantes... terriblemente vivos, al fin...
ahogados en sabores de galope,
desbocados.

Hicimos mucho más que amor,
sin bridas,
sin ternuras,
apenas sin caricias,
a dentelladas gemimos,
brotamos espontáneos
en las yermas llanuras del antaño,
abrimos los surcos del deseo
acumulado en vigilias de tedio y abandono,
y nos hicimos eternos
por una vez y para siempre.

Hicimos todo el amor imaginable
sin una frase dulce,
sin un beso reposado,
sin un nombre...

No recuerdo quién abrió
la puerta de la locura,
ni siquiera si eras tú...
ni si era yo quién amaba...
ni si era amor lo que hicimos.

WE MADE MORE THAN LOVE

We made something more than love
those sweet hours I remember
tied to the darkness of your clothes,
entangled in the feverish whip
of your waist.

We did much more
than one crazy thing, or a thousand...
we broke with obscene words
the night in bursts,
we melted in troubled waters,
in skins of coral and languages of lewdness,
we nursed and hurt
unknowingly new.

We invented places and customs
and knew ourselves absent,
distant... terribly alive, at last...
drowned in galloping flavors,
runaways.

We made a lot more than love,
without restraint,
without tenderness,
almost without touching,
groaning with bites,
we spring spontaneous
on the barren plains of yore,
we opened grooves of desire
accumulated in vigils of boredom and neglect,
and we became eternal
for once and for all.

We made all the love imaginable
without a sweet phrase,
without rested kiss,
without a name...

I don't remember who opened
the door to the madness,
not even if it was you...
nor if it was I who loved...
nor if it was love what we made.

SE EQUIVOCA

Recuérdame la ausencia de tu boca
remotamente hundida en la distancia
vital que me cobija,
hendido por la calma de tu herida,
transportado al infinito azul
que observa la verdad...
y se equivoca.

Recuérdame que existes y que existo
porque abrasa la piel y el fuego rueda,
y tu mirada araña mi locura
danzando en el reloj imaginario
que en tu pecho arrebata...
y se equivoca.

Recuérdame que grabe tu sonrisa
envuelta en la penumbra de la alcoba,
que fue tu paso alegre y voluntario,
que vine tras de ti,
que no es un sueño,
que tu boca vino a verme y me deshizo.

Recuérdame que estás y que te tengo,
que tu cuerpo es de carne
y juega libre,
y arde.

Recuérdame mañana, si aún existes,
que ayer amanecí sobre tu cuerpo,
fue tanto amor, o tanto miedo,
que el verso es traicionero...
y se equivoca.

IT'S WRONG

Remind me of the absence of your mouth
remotely buried in the vital
distance that shelters me,
fragmented by the calm of your wound,
transported to the endless blue
that observes the truth...
and it's wrong.

Remind me that you exist and I exist
because skin burns and fire rolls along,
and your glare grates my madness
dancing in the imaginary clock
that wrestles in your chest...
and it's wrong.

Remind me to record your smile
wrapped in the darkness of the bedroom,
that was your cheerful and voluntary stride,
that I came after you,
that it's not a dream,
that your mouth came to see me and shattered me.

Remind me that you're here and I have you,
that your body is flesh
and plays free,
and seethes.

Remind me tomorrow, if you still exist,
that yesterday I woke up on your body,
it was so much love, or so much fear,
that the verse is treacherous...
and it's wrong.

SE ME DESBORDA EL VERSO

      Se me desborda el verso
cuando te vivo,
en el instante mismo
de la palabra.

      Se me desborda el ansia
y el desvarío,
el río de tu boca
y la madrugada,
el sabor de tu cuerpo
en la memoria.

      Se me desborda el alba
cuando recuerdo
el florecer ardiente de tu sonrisa,
la fuerza de tus labios
junto a mi grito,
y las paredes dulces de tu sonrisa.

      Se me desborda el tiempo
cuando, dormido,
acaricias los versos
que aún no escribo,
la canción del mañana,
la soledad del grito,
y esa locura inquieta
que aún me abrasa
clavada en tu cintura,
llenando el alma
de colores de sangre...
de madrugada...

      Se me desborda el cielo
con tu mirada,
como la mar,
inmensa...
desesperada.

THE VERSE OVERWHELMS ME

       The verse overwhelms me
when I live you,
in the same instant
of the word.

       Longing overwhelms me
and madness,
the river of your mouth
and daybreak,
the taste of your body
In my memory.

       Dawn overwhelms me
when I remember
the ardent bloom of your smile,
the strength of your lips
next to my cry,
and the walls of your sweet smile.

       Time overwhelms me
when, asleep,
you caress the verses
I've still not written,
the song of the future,
howling loneliness,
this restless madness
that still burns me
nailed to your waist,
filling the soul
with colors of blood...
of daybreak...

       The sky overwhelms me
with your eyes,
like the sea,
immense...
desperate.

CUARTO MENGUANTE

Eres niña, aunque corones lunas,
flor de aurora, aunque te enredes hiedra,
embravecido mar, aunque remanso,
tormenta y huracán, aunque peines trigales,
aunque duermas.

En mi llano incendias aún,
y arrasas,
aún pasas al galope,
desbocada.

Me gustas tempestad, ola infinita,
y navegarte herido por tu furia,
y sentir los azotes de tu galerna
arañando las esloras fatigadas de mi otoño.

Me gustas libertad, locura, infierno,
carne de estío y grito desgarrado,
ensangrentado amor,
y desafío.

Me gustas piel desnuda
y pechos de alabastro,
y manos de anaconda reptando entre los olmos,
y muslos de presidio
hirviendo con mi herida, besando mis llanuras
con la boca partida de tu sexo.

Me gustas deslizada
por entre mis caminos,
detenida en mis campos,
en el rocío, empapada en los versos
de mis entrañas,
erguida como el aire,
eterna, como el cielo de agosto.

Eres niña,
aunque me duela sentirte desbordada
en el cuarto menguante de mi cuerpo.

WANING QUARTER

You're girl, although you crown moons,
aurora flower, although you entangle ivy,
raging sea, although an oasis,
storm and hurricane, although you comb wheat fields,
although you sleep.

In my plain you still set alight,
and devastate,
you even gallop past,
unbridled.

I like you storm, infinite wave,
and surf you hurt by your anger,
and feel the lashes of your gale
scratching the fatigued lengths of my autumn.

I like you freedom, madness, hell,
flesh of summer and primal scream,
bloodied love
and challenge.

I like you bare skin
and breasts of alabaster
and hands of anaconda slithering among the elms,
and garrison thighs
boiling with my wound, kissing my plains
with the parted mouth of your sex.

I like you slid
between my paths,
stopped in my fields,
on the dew, soaked in the verses
of my core,
straight as the air,
eternal, as the August sky.

You're girl,
though it hurts me to feel you overflowing
in the waning quarter of my body.

FERNANDO TOMAS

Lima, Perú, 1987. Tomas es el séptimo hijo de Juan Tomas y Emma Chumpitaz. Desarrolló interés por la poesía desde temprana edad, y fue influenciado por el genio literario de su país natal, César Vallejo, por Gustavo Adolfo Bécquer y por el Premio Nobel chileno, el poeta Pablo Neruda.

Estudió en colegios nacionales, en donde comenzó a escribir sus primeras poesías y a venderlas a sus compañeros cuando padecía de hambre.

Tomas participa de círculos literarios universitarios y de los organizados en la Casa de la Literatura Peruana. Actualmente estudia Derecho y Ciencias Políticas en la Universidad Inca Garcilaso de la Vega.

La poesía no es más que el encuentro de uno mismo con la realidad; nos lleva a recorrer los rincones del ensueño con una pizca del sentimiento encontrado o absorbido por el poeta.

La poesía es la cuna de mi existencia, es donde encuentro mi vida, mi pasión por el amor, la vitalidad de mis ensueños a la mano de la esperanza de lograr recorrer mi anhelo trazado.

La Poesía, una Diosa, en donde mi reverencia es diaria

A lo largo de nuestra historia, nos hemos preguntado: ¿Qué es el amor? Los más grandes filósofos griegos no supieron dar un concepto objetivo acerca de qué es el amor y hasta el día de hoy no lo sabemos. Pero, para salir de ese dilema, cada uno le damos un concepto de acuerdo a lo que sentimos: hay amor a nuestra pareja, amor a la madre y al padre, a un objeto o a un animal, a nuestra carrera o a nuestros deseos; el amor abarca todo sin límites.

El amor es un todo limitadamente ilimitado

Lima, Perú, 1987. Tomas is the seventh son of Juan Tomas and Emma Chumpitaz. He developed an interest in poetry from an early age and was influenced by the literary genius of his native country, César Vallejo, by Gustavo Adolfo Bécquer and by the Chilean Nobel Laureate, poet Pablo Neruda.

He attended national schools, where he began writing his first poems and selling them to his classmates when he struggled with hunger.

Tomas participates in university literary circles and in those organized by the House of Peruvian Literature. He is currently studying Law and Political Science at the Universidad Inca Garcilaso de la Vega.

Fernando Tomas
Perú

Poetry is just the meeting of oneself with reality; it takes us on a journey through the corners of fantasy with a pinch of feeling found or absorbed by the poet.

Poetry is the cradle of my existence, it's where I find my life, my passion for love, the vitality of my dreams in hand in hopes of achieving my desired path.

Poetry, a Goddess, where my reverence is daily

Throughout our history, we've asked: What is love? The greatest Greek philosophers were unable to give an objective view about what love is and to this day we do not know. But, to get out of this dilemma, we give each one a concept according to what we feel: there's love for our partner, love for mother and father, to an object or an animal, our career or our desires; love encompasses everything without limits.

Love is a limitedly unlimited everything

Te busco,
te llamo en el silencio,
recorro todo el sendero
de nuestros recuerdos.

Te busco
en mis pensamientos,
pero ni tus huellas
las encuentro.

Tus besos,
muy lejos de mí se fueron,
abandonaron mis labios
y nuestras noches de amores eternos.

I look for you,
calling you in the silence,
I cross the entire path
of our memories.

I look for you
in my thoughts,
not even your footprints
do I encounter.

Your kisses,
very far from me they went,
they abandoned my lips
and our nights of eternal love.

VIDA AUSENTE

Devuélveme la vida,
la que se fue en tus besos
en cada despedida.

Quiero mi vida,
ésa, la que se fue
en tus brazos, mujer.

Quiero vivir,
pero la vida me quitas
con tu ausencia.

ABSENT LIFE

Return my life to me,
the one that left in your kisses
in each farewell.

I want my life,
that one, which went away
in your arms, woman.

I want to live,
but you take my life away
with your absence.

ESENCIA

Siente una esencia,
una presencia
y sus ojos cierra.

Siente su piel adormecerse,
no se desespera,
se queda ahí, quieto.

Recostado,
cautivado por el ser
que se eminencia ante él.

Frágil,
bajo la luz del día gris,
inhábil ante su sentir.

Absorto ante la realidad,
no alude a la soledad,
se fortalece con su presencia.

ESSENCE

He feels an essence,
a presence
and his eyes close.

His skin feels numb,
but he does not despair,
he remains there, still.

Reclining,
captivated by the being
that becomes eminent before him.

Fragile,
under the light of the grayish day,
unable in the face of his feelings.

Absorbed in the face of the reality,
he does not allude to loneliness,
he's fortified by her presence.

SORPRENDIDO

No me sorprende
la melodía
de una romántica canción,
ni sus notas que armonizan
con palabras llenas de emoción,
ni me sorprende
el regalo de amor
o un gesto de corazón.

No me sorprende
aquel beso
que se roba enamorado
ni sus "te quiero"
después del ramo
de rosas primaverales.

Sí me sorprende,
es aquel amor
que por mí sientes.

Me sorprende
que cada palabra tuya
sea voz melodiosa
cuando la entonas.

Me sorprendes
y es un regalo de amor
que recibe mi corazón.
Me sorprenden tus besos,
al hacerse más intensos.

Me sorprende que,
cuanto más pasa el tiempo,
más te quiero,
más te amo
y más te siento.

SURPRISED

I'm neither surprised
by the melody
of a romantic song,
nor by its notes that harmonize
with words filled with emotion,
nor am I surprised
by the gift of love
or a gesture of the heart.

I'm not surprised
by that kiss
that the lover steals
nor his *I love you*s
after the bouquet
of spring roses.

What does surprise me,
is that love
that for me you feel.

It surprises me
that every one of your words
is a melodious voice
when you intone them.

It surprises me
and it is a gift of love
that my heart receives.
Your kisses surprise me,
when they become more intense.

It surprises me that,
the more time passes,
the more I want you,
the more I love you
and the more I feel you.

En ésta mañana,
un cielo gris
se muestra
tras la ventana
de un viejo bus.

Caminan
las nubes grises,
caen
las gotas libres,
bailan
los fríos vientos,
felices.

El otoño se va
y comienzo a oír
la bienaventuranza
de los pasos del invierno
en esta mañana.

Cierro mis ojos tras la ventana
del viejo bus,
ahí estás
protegida por un paraguas,
me esperabas.

En un dos por tres
bajo del bus,
acaricio tu rostro,
te doy un beso
y no como cada mañana.

In this morning,
a gray sky
appears
through the window
of an old bus.

The gray clouds
walk,
the free drops
fall,
the cold winds
dance,
happy.

Autumn goes away
and I begin to hear
the beatitude
of winter's steps
in this morning.

I close my eyes behind the window
of the old bus,
there you are
protected by an umbrella,
waiting for me.

In no time
I get off the bus,
caress your face,
give you a kiss
and it's not as every morning.

BESO

Tengo sed de tus besos,
deseo tus brazos
en los míos,
me muero...

Roza tu piel
en mis labios,
lleva tus manos
a recorrer mi rostro,
cubre mi hombro
con tu cabello
y haz que mi sueño,
de seguirte lejos,
se haga realidad.

Llena de mí
todo de ti,
cumple mis deseos
con tan solo un beso.

KISS

I thirst after your kisses,
I want your arms
in mine,
I die...

Brush your skin
on my lips,
take your hands
to travel across my face,
cover my shoulder
with your hair
and make my dream,
to follow you far,
become real.

Fill me with
all of you,
fulfill my desires
with only a kiss.

DAME

Dame esos besos,
eso abrazos,
como en las frías noches
cuando nos amábamos.

Dame tu respiración
que sentía en mi rostro,
mírame con esos ojos
de diosa ternura.

Dame esas caricias
que mi piel sentía,
dame tu amor
que es todo mío.

Dame tu voz
que me llena de amor,
dame tus palabras
y esos ¡TE AMO!
que me sangran de emoción.

Dame la vida,
mujer mía,
por ti lloro
en todas las noches
hasta llegar su día.

GIVE ME

Give me those kisses,
those embraces,
as in the cold nights
when we loved each other.

Give me your breath
that I felt on my face,
look at me with those eyes
of gentle goddess.

Give me those caresses
that my skin felt,
give me your love
that is all mine.

Give me your voice
that fills me with love,
give me your words
and those I LOVE YOU!
that bleed me with emotion.

Give me life,
my woman,
for you I cry
in every single night
until its day arrives.

MUERO

Por tus besos, me desespero
y si no te tengo;
mi tranquilidad es un desconcierto,
y se acerca el posible fin de mi mundo.

Yo por ti vivo
y por ti muero,
mas de ti quiero vivir encantado
en tus dulces labios;
morir enamorado en tus brazos.

Déjame posar mis labios
en los tuyos,
déjame saborear la dulzura de tu piel,
mi frágil mujer.

Déjate probar
con la razón de mi corazón
y déjate saber que
de lo nuestro hay más, amor.

I DIE

For your kisses, I despair
and if I do not have you;
my tranquility is confusion,
and the possible end of my world is near.

I for you live
and for you I die,
but I want to be charmed
in your sweet lips;
to die in love in your arms.

Let me place my lips
on yours,
let me savor the sweetness of your skin,
my fragile woman.

Let yourself test
with the reason of my heart
and let yourself know that
from ours there's more, love.

LUIS HERNÁNDEZ OCAMPO

Nació en la ciudad de **Heredia, Costa Rica**, 1976, donde ejerció sus estudios secundarios y actualmente reside en Alajuela con su familia. Escribe cuentos para niños y próximamente publicara un cuento llamado "Un niño llamado León, sus Aventuras y Fantasías", que relata sobre la vida de un niño humilde que vive cerca de la costa. También tiene en proyecto una novela para el futuro. Es el administrador de una página en un sitio Web sobre pensamientos filosóficos e intercambio de ideas.

Born in the city of **Heredia, Costa Rica**, 1976, where he completed his secondary education and currently resides in Alajuela with his family. He writes short stories for children and soon will publish a story called "A boy named Leon, his Adventures and Fantasies" which tells about the life of an underprivileged boy who lives near the coast. He also has a project for the future and wants to write a novel. He is the administrator of a page online where he exchanges philosophical thoughts and ideas.

Luis Hernández Ocampo
Costa Rica

EL AMOR

Una palabra tan fácil de decir, un sentimiento tan grande para dar y una realidad tan difícil de admitir, que hasta con lo más mínimo se puede destrozar, eso tan bello y puro, que es el amor.

Una verdadera amistad, eso es amor. Esa amistad que se brinda sin ataduras, sin mentiras, ni rencores. Amistades que lo darían todo por esa persona, sin esperar nada más a cambio que una simple sonrisa.

¿Quién puede definir lo que es el amor? Muy pocos, aunque miles crean saber qué es, o pensar que lo tienen, aunque con sus acciones borran toda claridad de ese hermoso sentimiento. Derrochando luz, grandeza, pasión, dulzura. El alma se desborda por dentro de eso que sabe, que no se expresa con palabras que se van. Son las acciones puras y sinceras, las cuales con hechos reales, ojos que lo expresan sin decir nada, tal vez con una lágrima de tristeza o felicidad, el corazón se sale de su pecho que lo oprime, negando esa sensación de placer, de libertad, añorando lo que vendrá o nunca tendrá.

En tus oídos esas voces ensordecedoras que te claman, te ruegan por un poco, el cual tú niegas por miedo al qué dirán o a ese miedo al NO rotundo que quebrantará tu ser o el SI que te llevará a la gloria.

¡Tanto para dar, tan poco que decir! Y una realidad que hay que vivir, buscando amor, dando amor, compartiendo amor, añorando el amor y recibiendo amor, en eso se basa la vida. Amor.

LOVE

A word so easy to say, such a great feeling to give and a reality so difficult to admit, that with even the slightest touch can be destroyed, that thing so beautiful and pure, that is love.

A true friendship, that is love. That friendship offered without strings, lies, nor hard feelings. Friends who would do anything for that person, without expecting anything more in return than a simple smile.

Who can define what love is? Very few, though many think they know what it is, or think they have it, although their actions clearly erase all clarity of that beautiful feeling. Wasting light, grandeur, passion, sweetness. The soul overflows inside, knowing what is not expressed in fleeting words. They are pure and sincere actions, which with real facts, eyes that express without saying anything, maybe with a tear of sadness or happiness, the heart coming out of the chest that oppresses it, denying that feeling of pleasure, of freedom, longing for what will come or what it will never have.

In your ears those loud voices that call to you, pleading for a bit, which you deny for fear of what people will say or that fear of that blunt NO that will break your being or the YES that will carry you to glory.

So much to give, so little to say! And a reality to be lived, looking for love, giving love, sharing love, longing for love and receiving love, this is what life is based on. Love.

MARCELA VILLAR M.

Madre, poetisa, soñadora...

Nació en **Viña del Mar, Chile**, 1963. Actualmente vive en la ciudad de Seattle, estado de Washington, EEUU, país donde reside desde 1989. Poetisa, editora, historiadora y genealogista. Es miembro de diversas organizaciones y sociedades históricas y genealógicas mundiales, donde colabora con investigación y estudios históricos.

Creadora del grupo literario online, Verso Libre, Villar es una acérrima defensora de la libertad del verso en su expresión, y considera que jamás éste debe estar encasillado entre las arcaicas reglas que lo tuvieron amarrado en siglos anteriores.

Comenzó a escribir poesía y cuentos en su niñez y juventud influenciada por escritores tales como Bécquer, Unamuno, Mistral, Oscar Castro, etc., y luego por el poeta que marcaría sus letras, Pablo Neruda. Realizó sus estudios de Lenguaje y Literatura en The University of Utah, mención en Literatura Española. Ha pertenecido a varios grupos y talleres literarios, dado lecturas poéticas en instituciones académicas, tales como Brigham Young University, The University of Utah, Weber State University y también con The Salt Lake Arts Council, The Utah Art Council, bibliotecas públicas y muchas otras instituciones educacionales. Su poesía está disponible en libros que incluyen antologías y poemarios, como también en publicaciones de índole académico, periódicos, y en medios digitales tales como blogs y otros.

"La poesía es la eternidad de la palabra. Es lo que nos sostiene, que nos llena. Es despertar con a boca henchida de lírica y versos... Es seguir el día con ella del brazo, es vivir el amor en su compañía..."

Mother, poet, dreamer...

Born in **Viña del Mar, Chile**, 1963. She currently lives in the city of Seattle, Washington, USA, her country of residence since 1989. Poet, editor, historian and genealogist. She is a member of various historical organizations and genealogical societies from around the world, where she collaborates with research and historical studies.

Creator of the online literary group, Verso Libre (Free Verse), Villar is a faithful defender of freedom of expression in poetry, and considers that it should never be typecast in archaic rules that were moored in previous centuries.

Marcela Villar M
Chile — USA

She began writing poetry and short stories in her childhood and youth influenced by writers such as Bécquer, Unamuno, Mistral, Oscar Castro, etc., and then by the poet that would imprint her lyrics, Pablo Neruda. She studied Language and Literature at The University of Utah, majoring in Spanish Literature. She has belonged to several groups and writing workshops, given poetry readings in academic institutions, such as Brigham Young University, The University of Utah, and Weber State University and with The Salt Lake Arts Council, The Utah Arts Council, public libraries, and many other educational institutions. Her poetry is available in books, including anthologies and poetry collections, as well as in academic publications, newspapers, and online media such as blogs and others.

"Poetry is the eternity of the word. It is what sustains us, which fills us. It is to wake up with a mouth filled with verses and lyric...
It's to spend the day holding its arm, to experience love in its company..."

ACENTOS

Tu amor es mío.
Pertenece al tiempo
inescapable.
La piel recuerda acentos
entregados,
el timbre de tu voz
llegando lentamente,
la necesidad entera de ti,
de tu presencia
dentro de mis ojos,
en mis manos sedientas de besos.

Hambre que satisfaces al soñarme
en tus mañanas perezosas
cuando te siento.

Amor,
el que me das con la boca llena
de palabras escritas,
deletreadas en mis labios,
al decir mi nombre, al evocarme,
mientras caminas por calles vacías de mí
y pretendes que mis brazos no existen,
sin embargo eres tú
quien al respirar vive al pensarme.

ACCENTS

Your love is mine.
It belongs to time
inescapable.
The skin remembers accents
given,
the tone of your voice
arriving slowly,
the complete need of you,
of your presence
inside my eyes,
in my hands thirsty for kisses.

Hunger satisfied when you dream of me
in your lazy mornings
while I sense you.

Love,
which you give me with a mouth filled
with written words,
spelled on my lips,
when saying my name, upon evoking me,
while you walk along streets empty of me
and pretend that my arms do not exist,
nevertheless it is you
who, when breathing, lives when thinking of me.

AÚN

No dependemos de aquellas respuestas
que los relojes se demoran en gotearnos,
ni de aquellos burlescos reveses de la vida.
O de aquellas mañanas que dicen o no dicen.
Ni de aquellas voces que responden o no.

El amor está en los recovecos de la lengua
y emerge cuando besamos esa boca amada.
Cuando abrazamos y estrechamos con ganas,
cuando no dejamos ir lo que más anhelamos,
con el deseo de eternidad de siempre y ahora.

Estamos ambos contantemente especulando.
Soñándonos, pero no accedemos a los léxicos
que nos acercan. Nos separan comas y puntos.
Nos encierran maleantes círculos de sombras
en largos momentos que parecen perpetuos.

Me miras desde lejos con esos ojos que amo.
Siempre hablándome, siempre pensándome,
siempre conteniéndome en tus brazos míos,
que nunca me dejan ir, que son cárceles de mis
ramas perdidas en bosques de invierno frío.

Somos enteros en brisa que nos enclaustra,
estamos unidos en esta vorágine de dulzura.
Respiro por tu boca y tú existes en mis manos,
somos uno inevitablemente, no hay huida a
nuestro amor de utopías y ánimas. Aún somos.

STILL

We do not depend on those answers
that clocks delay in dripping on us,
nor on those absurd reverses of life.
Or on the mornings that say or don't say.
Not on those voices that respond or not.

Love is in the perspectives of the tongue
and emerges when we kiss that adored mouth.
When we embrace and press hard with want,
when we do not let go of what we most long for,
with the desire of eternity, of always, and now.

Both of us are constantly speculating.
Dreaming of each other, but we don't accede to the lexicons
that surround us. Commas and periods separate us.
Malevolent circles of shadows encircle us
in lengthy moments that seem perpetual.

You look at me from afar with those eyes that I love.
Always speaking to me, always thinking of me,
always containing me in your arms that are mine,
that never let me go, that are jails of my
branches lost in forests of winter cold.

We are whole in this breeze that cloisters us,
we are joined in this frenzy of sweetness.
I breathe in your mouth and you exist in my hands,
we are one inevitably, there is no escape from
our love of Utopias and spirits. We still are.

VOCES

Hay silencios que dialogan en oscuridades
Silencios de tu boca húmeda de voces
De tus labios confundidos en los míos
Hablando calladamente mientras tanto
Se detienen pesadamente y piensan.

VOICES

There are silences that dialogue in darkness
Silences from your moist mouth of voices
From your lips confounded in mine
Speaking quietly in the interim
They pause deeply and ponder.

PAN DE CADA DÍA

Decir del amor,
que son cosas que no son.
Que son solidarios gestos
y panes diarios.
Mesas puestas y brisas en
las mañanas.
Vasos de soleadas carcajadas,
sonrisas en las bocas.
Decir que son abrazos
del amigo.
Esperados pasos de autobús,
trenes llenos de estudiantes bulliciosos.
Digo todo eso.
Lo digo todo.

Sin embargo no son tú.
No son tus brazos,
ni tus ojos.
No son tu boca,
ni el néctar de tus labios
en los míos,
ni tu ruido,
ni tus pasos.
No es lo esperado en aquellos
trenes.
Ni es el pan que mi mesa desea.

Eres tú que mis manos ansían,
tú eres el alimento deseado.
Mi hambre es de ti,
de tu sol y ternuras.
La solidaridad de tu presencia
en mi vida.
La ausencia se hace infinita,
se hace imposible y austera.

DAILY BREAD

To speak of love,
that are things that are not.
That are solidary gestures
and daily breads.
Set tables and
morning breezes.
Glasses of sunny laughter,
smiles in mouths.
To say they are embraces
from a friend.
Expected steps from the bus,
trains full of boisterous students.
I say all of that.
I say it all.

Nevertheless they are not you.
They are neither your arms,
nor your eyes,
They are not your mouth,
nor the nectar from your lips
on mine,
neither your noise,
nor your steps.
It's not what's waited for on those
trains.
Not even the bread that my table wants.

It's you that my hands long for,
you are the desired nourishment.
My hunger is for you,
for your sun and tenderness.
The solidarity of your presence
in my life.
The absence becomes infinite,
becomes impossible and austere.

ESCUCHAR

Oírte en mi voz,
en esa resonancia deseada.
Oír tu risa y tus pausas,
oír tus historias y tus Nadas.
Cuando me cuentas
de aquellos y los otros,
y te escucho,
porque amo sentirte,
amo escuchar el sonido
que emerge de tu boca,
como en beso delicioso,
largo y experto.

Siento tus labios en mi oído,
su tibieza lenta recorrerme,
descender a mi cuello
hasta atraparme en éxtasis
y con colores de vida,
seguir dándome más luz.
Tu voz continúa,
hablándome del Todo,
susurrando cuidadosamente
palabras no dichas,
sin saberlo.

Laten en mi pecho tus manos,
suspiran humedad de besos,
es tu aliento que habla en mi piel,
calladamente, y yo escucho.
Oír tu voz así es intoxicante,
despojante de miedos y dudas,
no hay historias ni pasados,
somos tú y yo.
Tu cuerpo me domina,
es solo tu voz en mí,
nada más es necesario.

TO LISTEN

To hear you in my voice,
in that desired resonance.
To hear your laughter and your pauses,
to hear your stories and your Nothings.
When you tell me
of those and the others,
and I listen,
because I love to sense you,
I love to hear the sound
that emerges from your mouth,
as in a delicious,
long and expert kiss.

I feel your lips on my ear,
their gentle warmth delineating me,
until they descend to my neck
ensnaring me in ecstasy
and with the colors of life,
giving me more light.
Your voice continues,
speaking of the All,
whispering carefully
words not mentioned,
without knowing it.

On my chest your hands throb,
breathing moisture from kisses,
it's your breath speaking on my skin,
quietly, and I listen.
To hear your voice like that is intoxicating,
freeing of fears and doubts,
there are no stories nor past,
we are you and I.
Your body dominates me,
it's only your voice in me,
nothing else is necessary.

EMBRACE

I am a flower in full summer,
touched by the sun,
opening as he caresses,
tenderly and softly.
I am in your arms and I surrender.

Skin of silk and milk,
drunk by your thirsty mouth,
devouring me,
just like the sun bathes the eager flowers,
you are now intertwined in me,
closeness began to increase
and our garden asks for our own light,
for our own sun, for more...

ABRAZO

Soy una flor en pleno verano,
tocada por el sol,
abriéndose cuando la acaricia
con cuidado y delicadamente.
Estoy en tus brazos y me entrego.

Piel de seda y leche,
bebida por tu sedienta boca,
devorándome,
como cuando el sol baña las anhelosas flores,
ahora tu estas enlazado en mí,
la cercanía comienza a acrecentarse
y nuestro jardín pide por nuestra propia luz,
por nuestro propio sol, por más...

IMÁGENES

Vi tu mirada
desde distancias transparentes,
inesperados momentos
me dieron tu voz
y en caricias silenciosas
sentí los brazos
que me llevaron a ti.

Hay secretos en el amor,
energías profundas,
que descubrimos
solo en brazos del amado.
Y así te he descubierto.
En cada instante
que tu piel me siente,
cuando en mis sueños
me das tu risa,
y mi cabello acomodas
con tus manos.

Imágenes creadas de tu rostro,
verdades que hablan,
que muestran quienes
somos,
entregándonos,
soñándonos,
viviendo este amor,
en un beso que no acaba,
en tu boca,
que tanto ansío,
en tus brazos que solo
quiero míos,
en tu vida que es mía.
En tu imagen,
que somos tú y yo.
Que es el amor.

IMAGES

I saw your gaze
from translucent distances,
unexpected moments
gave me your voice
and in silent caresses
I felt the arms
that brought me to you.

There are secrets in love,
profound energies,
which we discover
only in the arms of the beloved.
And so I have discovered you.
In each instant
that your skin feels me,
when in my dreams
you give me your laughter,
and you accommodate my hair
with your hands.

Images created from your face,
truths that speak,
that show who
we are,
submitting ourselves,
dreaming of ourselves,
living this love,
in a kiss that has no end,
in your mouth,
that I long for,
in your arms that I only
want for me,
in your life that is mine.
In your image,
that is you and I.
Which is love.

PÉRDIDA

Respirar
el nuevo aire
disfrazado en bosques
que traen abandono.

Nos movemos,
lentamente, dormidos
en un camino serpenteante
de distancias y olvidos.

Una vía sin regreso,
oculta en incertidumbre,
de la cual, poco a poco
nos despedimos.

Los sueños se opacan,
las miradas ceden, bajan los ojos,
cerrados al presente,
escondidos del pasado.

Muere el amor
entre miedos y dudas,
sin descanso viaja
a paraísos perdidos.

LOSS

To breathe
the new air
disguised in forests
that bring abandonment.

We move,
slowly, asleep
on a winding road
of distances and oblivion.

A route without return,
concealed in uncertainty,
to which, little by little
we say goodbye.

The dreams darken,
the looks yield, the eyes lower,
closed to the present,
hidden from the past.

Love dies
among fears and doubts,
without rest traveling
to lost paradises.

AMOR DULCE

Lluvia calmante
en días fríos,
enamorante dulzor
del agua que viene de tus manos
a mis labios,
besándome,
ahogándome en esplendor.
Mi única tentación
son las gotas húmedas de amor,
dándome aquel éxtasis y sueño,
como torrentes de ríos,
pero tranquila,
silenciosa,
como la lluvia sobre la ventana
cuando miro detrás de los cristales.
Cuando pienso y reflexiono de ti,
y me maravillo sobre misterios
hechos de hojas y arcilla,
rocas, tierra...

De ti,
hechos de ti.

SWEET LOVE

Calming rain
in colder days,
enamoring sweetness
of water coming from your hands
to my lips,
kissing me,
drowning me in splendor.
My only temptation
are moist drops of love,
giving me that ecstasy and dream,
as torrents of rivers,
but quietly,
silently,
like rain on the window
when I see behind the crystals.
When I think and ponder of you,
and wonder about mysteries
made from leaves and clay,
rocks, earth...

Of you,
made from you.

KAIN ARTEAGOITIA DIEZ

Bilbao, España, 1962.

"Mi poesía es la vida. Lo que somos, lo que vivimos, lo que sentimos. La vida tal y como es, complicada y sencilla a la vez. Yo escribo desde los 12 años. Es algo que forma parte de mí. Y lo comparto desde que me di cuenta que con ello se identifican los demás y sirve de consuelo.

El mundo de los sentimientos no tiene género y esa es mi forma de demostrarlo. Escribo como varón siendo mujer, es como un dialogo con el YO-interior del contrincante, del SER amado o no amado, del objeto del amor.

Todos mis lectores, independientemente de su género pueden identificarse con mis poemas. Son seres humanos como yo."

Bilbao, Spain., 1962.

"My poetry is life. What we are, what we live, what we feel. Life as it is, complicated and simple at the same time. I write since I was 12. It is something that is part of me. And I share it since I realized that others identified with it and find it a consolation.

The world of feelings has no gender and that is my way of showing it. I write like a man as a woman, it's like a dialogue with the I-inside the opponent, the ONE loved or unloved, the object of love.

All my readers, regardless of gender can relate to my poems. They are human beings like me."

Kain Arteagoitia Diez
España

CUANDO NACISTE

El día que tú naciste
bajó una estrella del cielo,
penetró en tu alma
y anidó en tu cuerpo.

Luz cegadora
de brillo perpetuo
que me da la vida
con su resplandor eterno.

Suave como una caricia,
cálida como el desierto,
tu estrella me guía
y me da consuelo.

El día que tú naciste
Dios me dio aliento
cruzando tu camino
en mi corazón sediento.

Luz de mis tinieblas,
brillo de amor intenso
que rompe mis cadenas
y me deja libre emprender vuelo.

WHEN YOU WERE BORN

The day you were born
a star fell from heaven,
it penetrated your soul
and nested in your body.

Blinding light
of perpetual shine
giving me life
with its eternal radiance.

Soft as a caress,
warm as the desert,
your star guides me
and gives me comfort.

The day you were born
God gave me breath
crossing your path
in my thirsty heart.

Light of my darkness,
brightness of intense love
that breaks my chains
and frees me to take flight.

UNA NOCHE A SU LADO

Sublime tacto en tinieblas
recibe mi cuerpo desnudo
tendido al lado de ella,
noche de sentimiento puro.

A la luz de tenues velas
descansa el espíritu suyo,
su calor sobre mis piernas,
su corazón en mi puño.

Caricias que mi alma espera,
besos suaves y maduros
que como fruta fresca
bebo a sorbos y apuro.

Su cuerpo pegado a mi cuerpo,
los dos como si fuéramos uno,
cálido abrazo de fuego
en un invierno duro.

Se cierran sus ojos despacio,
corriendo un velo al mundo
y en este pequeño espacio
inventamos el deseo en un susurro.

Suave aliento que recorre
con un gemido profundo
todas mis emociones y horizontes
haciendo ese momento único.

A NIGHT AT HER SIDE

Sublime touch in darkness
my naked body receives
lying down beside her,
night of pure feelings.

To the light of faint candles
her spirit rests,
her warmth on my legs,
her heart on my fist.

Caresses that my soul awaits,
soft and ripe kisses
that like fresh fruit
I drink in gulps and sips.

Her body stuck to my body,
the two of us as if we were one,
warm embrace of fire
in a hard winter.

Her eyes close slowly,
drawing a veil onto the world
and in this small space
we invent desire in a whisper.

Soft breath crossing
with a deep moan
all of my emotions and ambitions
making that moment unique.

LO QUE TÚ ERES PARA MI

Eres la magia con nombre propio,
la clarividencia del misterio,
eres el material deseo
del pensamiento de un loco.

Eres el éxtasis de la imaginación,
eres mujer realidad sin freno,
eres el fruto que comer no debo,
eres la fuente de mi inspiración.

Eres expectación,
eres sutil veneno,
eres calor de invierno
que penetra en mi interior.

Eres mi excitación
siempre que te contemplo,
eres transparente velo
que atrapa mi emoción.

Nena, tú eres mi amor,
mi único sustento,
mi cielo y mi infierno,
mi risa y mi dolor.

WHAT YOU ARE TO ME

You are magic with its own name,
mystery's clairvoyance,
you are the material desires
of a madman's thought.

You're the ecstasy of the imagination,
you are woman unrestrained reality,
you are the fruit I shouldn't eat,
you are the source of my inspiration.

You're excitement,
you're subtle poison,
you're warmth of winter
penetrating my insides.

You're my arousal
whenever I consider you,
you're a transparent veil
catching my emotion.

Darling, you are my love,
my only sustenance,
my heaven and my hell,
my laughter and my sorrow.

DECIR LO QUE NO DIGO

Si te pudiera transmitir
lo que hablando no digo,
sentir tanto por ti
que de tu amor soy mendigo.

Que no puedo dormir
cuando a mi lado te imagino,
que me cuesta vivir
cuando no estás conmigo.

Que tú eres para mí
como el aire que respiro,
que si no estoy junto a ti
no soy yo conmigo mismo.

Que aprendí a sonreír
cuando te cruzaste en mi camino,
que soy un niño feliz
arropado en tu cariño.

Si pudiera de mí salir
para decirte lo que escribo
sería agradable hacerte sentir
que eres parte de mí mismo.

TO SAY WHAT I DON'T SAY

If I could communicate
what talking I don't say,
feeling so much for you
that for your love I'm a beggar.

That I can not sleep
when by my side I imagine you,
I can hardly live
when you're not with me.

That you are for me
as the air I breathe,
if I'm not with you
I am not myself to me.

That I learned to smile
when you crossed my path,
that I'm a happy boy
wrapped in your love.

If I could from myself leave
to tell you what I write
it would be nice to make you feel
you're part of my own self.

IMÁN

Qué tiene tu tacto, nena,
que por él suspiro,
cuál es tu encanto, princesa,
que por él vivo.

Qué tiene mi alma inquieta
que busca estar contigo,
fundirse en tu belleza
para recordar lo divino.

Reflejo de procedencia
en un mundo cautivo
donde sólo la grandeza
sostiene vivo mi espíritu.

Y aun estando en penitencia
teniéndote conmigo
haces que el pecado desaparezca
rozando el cielo dormido.

Luz brillante en la frontera
entre la mente y el destino
es tenerte de mi cerca
estrella polar de mi cariño.

MAGNET

What is in your touch, darling,
that makes me sigh,
what is your spell, princess,
for which I live.

What has my soul restless
that wants to be with you,
to melt in your beauty
to remember what's divine.

Reflection of origin
in a captive world
where only greatness
maintains my spirit alive.

And even being in penance
having you with me
you make sin disappear
brushing against the sleepy sky.

The bright light at the border
between mind and destiny
is to have you near me
polar star of my affection.

ATRAPADO

Comenzó como leve brisa,
se convirtió en potente huracán,
amor que con su suave llovizna
le arrastró en un salvaje caudal.

Comenzó observando como quien no mira,
le atrapó poco a poco en su espiral,
con una leve caricia
desató una tremenda tempestad.

Amor que sus ojos puso
en quien no debieran estar,
magnetismo puro y duro
del que no se supo escapar.

Y abocado al sabor amargo
del que nada recibe al dar,
sin poder aunque quiera evitarlo
entregarle su alma y su paz.

Recuerda como un esclavo
un momento lejano de libertad
hasta que fue atrapado
y ya nunca se pudo soltar.

TRAPPED

It began as a gentle breeze,
becoming a powerful hurricane,
love that with its gentle drizzle
dragged him into a wild flow.

He began observing as one who doesn't look,
was caught bit by bit in her spiral,
with a slight touch
unleashed a tremendous storm.

Love that his eyes put
on whom it should not be,
magnetism pure and strict
from which he was unable to escape.

And doomed to the bitter taste
of receiving nothing from what's given,
yet still unable to avoid
delivering his soul and peace.

He remembers as a slave
a distant moment of freedom
until he was trapped
and could never be set free.

QUISIERA

Me gustaría ser parte de ti,
un yo contigo,
me gustaría como tú, sentir
y no ser sólo tu testigo.

Quisiera fundirme en ti,
como azúcar sobre pan derretido,
quisiera mirarte en mí
contemplando tu rostro divino.

Y no puedo más que sufrir
por no conseguir lo querido,
amar y sufrir así
deseo del no cumplido.

Y cuando tus manos acarician mi perfil,
caricias que siempre bendigo,
tu calor penetrando en mí
tapándonos con el mismo abrigo.

Quisiera ser el aire que sale de ti
cuando tus labios sueltan un suspiro,
ser yo por siempre en ti,
ser tú siempre conmigo.

I WOULD LIKE

I would like to be part of you,
a me with you,
I would like, as you do, to feel
and not just be your witness.

I would like to merge into you,
as sugar melts on bread,
I would like to see you in me
contemplating your divine face.

And I cannot but suffer
for not getting what's wanted,
to love and suffer like this
desire that's not fulfilled.

And when your hands caress my profile,
caresses that I always bless,
your warmth penetrating into me
covering us with the same shelter.

I would like to be the air that comes from you
when your lips loose a sigh,
be forever in you,
you be always with me.

AQUEL MENSAJE

Llegó a una playa en enero
cabalgando sobre unas olas dormidas,
por un recipiente envuelto
aquel mensaje de despedida.

Y una vez por el mar devuelto
a la tierra del que precedía
un paseante ajeno
encontró entre sus líneas poesía.

Adiós, decía sereno,
hasta pronto amada mía,
te mando todo mi afecto
y espero reencontrarte un día.

Te envío este mensaje
a través del mar y de la brisa,
este que fue tu amante
y te amará toda su vida.

Porque tú estás cada instante
en el mar, la tierra y la sonrisa,
amada, no he de olvidarte,
porque no se olvida lo que en uno habita.

THAT MESSAGE

He arrived at a beach in January
riding over sleepy waves,
for a wrapped container
that message of farewell.

And once returned by the sea
to the land from which precedes
a foreign walker
who found poetry between his lines.

Good bye, he said serenely,
see you soon my beloved,
I send you all my affection
and I hope one day to see you again.

I am sending you this message
across the sea and breeze,
this that was your lover
and who will love you all his life.

Because you are at every moment
in the sea, the earth and smile,
beloved, I will not forget you,
because one does not forget what in one abides.

LO DICE EL SILENCIO

No sabes que transmitir puedo
lo que mis labios no dicen;
una mirada, una acaricia, un gesto,
pronuncian lo que la palabra omite.

No sabes que en el silencio
el grito del alma se percibe
más alto y claro que el estruendo
de quien en escenario lo exhibe.

No sabes que el sentimiento
es más fuerte cuando gime
de placer o abatimiento,
de dolor o amor sublime.

No sabes que la palabra es un lujo
que requiere moderación sensible
para que su sonido sea tuyo
y su interpretación accesible.

No sabes que sin palabras deseo
comunicarte lo que no dicen,
el silencio es el mejor mensajero
que tengo para amor decirte.

THE SILENCE SAYS

You don't know that I can transmit
what my lips do not say;
a look, a caress, a gesture,
pronounce what the word omits.

You don't know that in silence
the cry of the soul is perceived
louder and clearer than the uproar
of whom displays it on stage.

You don't know the feeling
is stronger when it moans
of pleasure or dejection,
of pain or sublime love.

You don't know the word is a luxury
requiring sensible moderation
so that its sound would be yours
and its rendering accessible.

You don't know without words I want
to communicate what they don't say,
silence is the best messenger
I have for love to tell you.

UN MUNDO DE DESEO

Mis brazos atados a los tuyos,
puedo sentir en mi espalda tu cuerpo,
los dos bajo calor desnudos
en el fuego de un frío invierno.

Resbala el sudor cual torrente,
pegamento entre los dos sosteniendo
el deseo que desborda mi mente
al sentir lo que tocar no puedo.

Mis ojos vendados y los tuyos
contemplando el sutil jadeo
que mis oídos hacen suyo
para trasladarlo a su dueño.

Éxtasis de amor nocturno
sentir tu cuerpo contra mi cuerpo,
tu aliento en grito profundo
quemándome en el infierno.

Mi respiración se acelera,
late más fuerte mi corazón ardiendo,
suéltame estas ardientes cadenas
que abrasan todo mi deseo.

A WORLD OF DESIRE

My arms tied to yours,
I can feel on my back your body,
both of us under heat, naked
in the fire of a cold winter.

The sweat slips as a torrent,
glue between us two holding
the desire overflowing my mind
of feeling what I cannot touch.

My eyes blindfolded and yours
contemplating the subtle panting
that my ears make their own
to transport to their owner.

Ecstasy of nocturnal love
feeling your body against my body,
your breath in deep scream
burning me in hades.

My breathing accelerates,
my burning heart beats faster,
loosen these burning chains
that embrace all my desire.

GABRIEL MÁRQUEZ

Maturín, Venezuela., 1990. Inició sus estudios en la Universidad de Oriente en la especialidad de "Ingeniería de Sistemas", luego de aprobar el primer semestre, no se sintió identificado con la carrera y decidió incursionar en otra se graduó el año 2010 y a los 19 años ya era Bombero Profesional, y desde entonces ha continuado con su formación, capacitándose constantemente. Hoy en día, Gabriel se siente mucho más apasionado por la poesía y la lectura y decidió iniciar sus estudios universitarios en Literatura.

"Es el hombre hecho poeta quien escribe. Son versos que nacen de un acuerdo impensado entre el ímpetu y la pasión de nuestro corazón, los pensamientos que deambulan en nuestra mente, sin descanso, y el espíritu silente que yace en nuestra alma, nuestros sentimientos, distribuidos entre estas deidades de nuestro ser interior. El cuerpo, sin embargo, no es sólo una estructura orgánica que nos soporta, sino nuestra conexión con el medio exterior, el cual se encuentra inundado de información que nos llena de estímulos y emociones. Sencillamente, ninguno funcionaría sin el otro.

Sin dudas, para mí, escribimos guiados por el amor y por supuesto para él, nuestra principal necesidad, aunque pretenda ocultarse. Y todo ser humano, posee algo de amor en su interior, lo cual nos hace sucumbir ante la poesía."

Maturín, Venezuela, 1990. He began his studies at the Universidad de Oriente majoring in "Systems Engineering", and after passing the first semester, he did not feel identified with the career and decided to venture into another area, graduating in 2010 and at 19 years old he was already a Professional Firefighter, and since then he has continued his education, constantly training himself. Today, Gabriel feels much more passionate about poetry and reading and decided to start college majoring in Literature.

Gabriel Márquez
Venezuela

"It is the man made a poet who writes. The verses are born from an unexpected agreement between the drive and passion of our heart, the thoughts in our mind wandering without rest, and the silent spirit that lies in our soul, our feelings, distributed across these deities of our inner being. The body, however, is not only an organizational structure that supports us, but our connection with the outside environment, which is flooded with information that fills us with stimuli and emotions. Simply put, neither would work without the other.

Undoubtedly, for me, we write guided by love and of course, for it, our primary need, even if we intend to hide it. And every human being has some love inside, which makes us succumb to poetry."

ADIÓS JAMÁS

Sentí el suspiro de la brisa en mi rostro,
en sus cálidas corrientes, un mensaje clamaba,
quise preguntar, y salir de mi asombro,
y en un momento, me había dado la espalda.
Me volví a mirarlo, intrigado, confuso,
vi en una bruma, tu imagen plasmada,
ahí estabas, desvaneciéndote entre sendas de luz.

Un mensajero invisible, sin piedad ni compasión,
en su suspiro inclemente,
vino a traerme tu adiós.

No sé, cómo, ni cuándo,
la sinapsis de nuestras almas se convirtió en vació,
se transformó en silencio,
en un navío perdido,
que en el azul cristalino del mar,
navega sin rumbo,
cortando las olas,
batiendo la espuma.

Como en un alambique solar,
se evaporan mis sueños,
y son bebidos por la tristeza que dejó la sequía.

Cuando el viento, algún día,
pueda volver a ti,
susurrará de mi parte, un hasta luego, mi vida,
pues, un adiós, jamás.

GOODBYE FOREVER

I felt the breath of the breeze on my face,
in its warm currents, a message protested,
I wanted to ask, and leave my astonishment behind,
and at one point, it had turned its back on me.
I turned to look at it, puzzled, confused,
I saw in a haze, a captured image
there you were, fading away between paths of light.

An invisible messenger, without pity or compassion,
in his harsh sigh,
came to bring me your goodbye.

I do not know how, or when,
the synapses of our souls became empty,
were transformed into silence,
into a lost ship,
that in the crystal blue sea,
sails aimlessly,
chopping the waves,
pounding the foam.

As in a solar still,
my dreams evaporate,
and are drunk by sadness left by the drought.

When the wind, someday,
can return to you,
it will whisper for me, a see-you-later, my life,
So, goodbye, forever.

AGUARDA EN MAÑANA

Danza mi corazón un latido tras otro,
el eco de tu nombre, vibrante retumba en mi pecho,
siente como suspira mi alma desde lo más profundo de mi ser,
mira cómo vienen los recuerdos a mis ojos
y se convierten en ilusión que rueda por mis mejillas.

Estoy aquí, dispuesto a juntos batallar,
sin importar cuán inclinado se torne el camino,
sin importar el tiempo.
Alimenta nuestras glorias,
que nuestra historia, sea historia,
que la libertad sea el viento que sople nuestras velas,
que nuestra entrega sea la melodía
que despierte al alba antes de tiempo.

El amor no debe ocultarse de la vida,
precisa hacer frente y clamar victoria desde las cumbres,
vacíate de tus miedos,
aliméntanos con tu luz,
busca dentro de ti, donde yace dormida la verdad.
Recuerda, la vida está llena de mañanas y de futuro
que silentes nos aguardan.

Amo el fruto que nació de ti, amo la magia de tus flores.
No temas, pues, permaneceré siempre a tu lado,
si lloras, secaré tus lágrimas y dibujaré sonrisas en tu rostro,
si dudas, compartiré contigo mi fe,
si tropiezas, mis brazos te levantarán,
si fallas, te animaré a persistir y en ti sembraré voluntad,
y si te faltan motivos, dedicaré mi vida a enseñarte a vivir.

AWAIT TOMORROW

My heart dances one beat after another,
the echo of your name, vibrant rumbles in my chest,
feels like my soul sighs from the depths of my being,
looks how memories come to my eyes
and become illusions rolling down my cheeks.

I'm here, ready to do battle together,
no matter how hard the road becomes,
regardless of the time.
Feed our glories,
that our history, becomes history,
that freedom be the wind that blows our sails,
our giving ourselves is the melody
that awakens at dawn before time.

Love should not hide from life,
it requires facing and claiming victory from the peaks,
empty yourself of your fears,
feed us with your light,
look within yourself, where the truth lies dormant.
Remember, life is full of tomorrows and the future
that silently awaits us.

I love the fruit born of you, I love the magic of your flowers.
Fear not, for I always will be by your side,
if you cry, I'll dry your tears and will draw smiles on your face,
if you doubt, I'll share my faith with you,
if you stumble, my arms will raise you up,
if you fail, I will encourage you to persist and will plant will in you,
and if you lack the reason, I'll dedicate my life to teach you to live.

PENSÁNDOTE EN MIS SUEÑOS

Deseo adentrarme en tu ser,
explorar tus adentros y tallar en tu piel
el canto que exclama tu lujuria.
Sedúceme con la hipnosis de tu mirada,
condúceme al placer con el almíbar de tus labios
y átame a tu cuerpo.
Sujétame entre tus piernas,
yo me aferraré a tus pechos celestiales
y me anclaré a tu cintura bendita.

Sólo pósate en tu cama, en nuestra cama,
que en seguida activaré todos tus sentidos
y tus gemidos interrumpirán tu sinapsis neuronal.
Lameré uno a uno los dedos de tus pies
y ascenderé hacia la gloria a través de tus piernas.
Morderé tus muslos mientras observo
cómo se hunde tu vientre,
al mismo tiempo que muerdes tus labios con una dulce fiereza.

Déjame perderme en tu cuerpo, mi insaciable amada,
pues, en mí no cesa el deseo de degustar tu néctar femenino.
Abre tus piernas y deja entrar a mi curiosa y húmeda lengua,
ábrelas, que aún hay mucho que explorar.

Pierdo los sentidos cuando tu secreción exquisita
se mezcla con los fluidos de mi boca.
Mis papilas gustativas no saben describir
la intensidad de tu sabor, pero sin dudas,
comeré por completo el suculento manjar
que me ofrece tu desnudez.

No tengo prisa ni ahorraré energías al poseernos,
pretendo quedar exhausto
y luego dormir profundamente en tu regazo.
Dibuja el placer en mi espalda,
con tus uñas surca mi piel,
muéstrame el camino hacia tu cielo terrenal,
no te detengas, sigue, continúa mi amor.

THINKING OF YOU IN MY DREAMS

I want to go into your being,
explore your insides and measure in your skin the length of
the song that exclaims your lust.
Seduce me with the hypnosis of your gaze,
lead me to pleasure with the elixir of your lips
and tie me to your body.
Hold me between your legs,
I will hold on to your heavenly breasts
and will anchor myself to your blessed waist.

Just lay in your bed, in our bed,
and I will soon activate all your senses
and your moans will interrupt your neuronal synapses.
I will lick your toes one by one
and will ascend to glory across your legs.
I'll bite your thighs as I watch
how your belly goes down,
while you bite your lips with a gentle ferociousness.

Let me get lost in your body, my insatiable lover,
since in me the desire to taste your feminine nectar never ends.
Open your legs and let in my curious and wet tongue,
open them, there is still much to explore.

I lose my senses when your exquisite secretion
mixes with the fluids of my mouth.
My taste buds do not know to describe
the intensity of your taste, but undoubtedly,
I will eat all of the succulent delicacy
offered by your nakedness.

I am in no hurry nor will I spare any energy in possessing us,
I intend to be exhausted
and then sleep soundly in your bosom.
Draw the pleasure on my back,
with your nails across my skin,
show me the way to your earthly heaven,
do not stop, continue, continue my love.

Yo no dejaré de besarte ni un solo momento,
ni de susurrarte palabras al oído
mientras me embriago con tu aliento
y quitas mi sed con tu saliva que me lleva al éxtasis.

Abrázame mi amor,
abrázame muy fuerte y no me dejes ir de tu lado,
porque como el tiempo hay cosas que no tienen retorno.
Abrázame antes de que despierte de mi realidad
y tenga que vivir pensándote en mis sueños.

I will not stop kissing you for a single moment,
not even to whisper words in your ear
as I get drunk with your breath
and you satiate my thirst with your saliva which leads me to ecstasy.

Hold me my love,
Hold me very strongly and do not let me go from your side,
because like time there are things that cannot be returned.
Hold me before I awaken from my reality
and I have to live thinking of you in my dreams.

LLÉVAME

Deseo vivir,
siempre a tu lado,
enamorado de tu risa y tu buen humor,
de la dulzura de tus besos
y la locura de este amor.
Deseo saber, si algún día,
nuestras vidas se podrán corresponder.

Quiero,
que tu mirada sea la luz de mi amanecer,
y regalarte cien mil "TE AMO" al llegar el atardecer,
y que mi alma enamorada,
sea tu cobija,
tu suave almohada,
en el frío anochecer.

Ven, llévame a la cima de tus sentimientos,
donde mi corazón grite todo su amor al viento,
llévame a tus sueños,
tan sólo con un suspiro,
donde la calidez de mi alma
acurruque tus latidos,
y yo te declare la diosa de mi universo,
y dueña del amor mío.

TAKE ME

I want to live,
always by your side,
enamored with your smile and your good humor,
with the sweetness of your kisses
and the madness of this love.
I want to know, if one day,
our lives could be one.

I want,
for your sight to be the light of my dawn,
and give you a hundred thousand *I LOVE YOU*s at sunset,
and for my soul in love,
to be a blanket,
your soft pillow,
in the cold nightfall.

Come, take me to the top of your feelings,
where my heart screams all its love to the wind,
take me to your dreams,
with only just a sigh,
where the warmth of my soul
cuddles your heartbeat,
and I declare you the goddess of my universe,
and owner of my love.

INVENCIBLE

Tímido y silente, la miré,
dulce, con un suspiro sublime, ella me miró.
No sé explicar lo que me sucedió,
pero fui víctima de su mirada.

Mi mundo se volvió algo extraño,
quizás sólo un poco,
yo no lo entendía,
pues, notaba que en mi andar,
las nubes viajaban bajo mis pies,
y el piso, ahora estaba muy alto,
sobre mi cabeza.

Ella todo lo cambió.
Logré volar y recorrer el mundo,
me sumergí en el mar más profundo,
buscando la perla de su amor.
Pude soñar y reposar en su cielo,
bailar en el centro de la tierra,
robarle a una estrella su destello.

Es que cuando ella me mira,
juego a ser invencible,
y podría darle el universo.
Y un poco más...

INVINCIBLE

Shy and silent, I looked at her,
sweet, with a sublime sigh, she looked at me.
I cannot explain what happened to me,
but I was a victim of her gaze.

My world became somewhat strange,
maybe just a little,
I didn't understand,
I noticed that in my walk,
clouds traveled beneath my feet,
and the floor, now, was very high,
over my head.

She changed everything.
I managed to fly and travel the world,
I plunged into the deepest sea,
seeking the pearl of her love.
I could dream and rest in her sky,
dance in the center of the earth,
steal from a star its sparkle.

It's that when she looks at me,
I pretend I'm invincible,
and could give her the universe.
And a little more...

POETISA VERSO DE ÁNGEL

Como la canción de un ángel
que agita sus alas,
creando melodías,
bajando desde el cielo,
viniendo entre la luz.

Así la imagino,
enamorada,
haciendo poesía,
y la poesía, haciendo de ella
un ser de amor.

Esa hermosa melodía,
que viaja desde el infinito,
es la de su pluma acariciando las páginas,
son sus sentimientos
compenetrándose con el papel,
son sus versos,
amándose entre sí.

Poetisa de sueños,
tan real como lo que inspiras.
Sabes sembrar ilusiones,
aún en los corazones que nunca han sido arados,
cultivas las emociones con tus manos delicadas,
con manos benditas,
tus manos de mujer.

Poetisa,
de versos gloriosos y sublimes,
sigue batiendo tus alas
y déjanos oír tus notas.
No dejes jamás de sembrar ilusiones,
ni de cultivar las emociones
de quienes nos alimentamos
del fruto de tus sembradíos de amor.

POET VERSE OF AN ANGEL

As the song of an angel
flapping its wings,
creating melodies,
down from the heavens,
coming through the light.

So I imagine her,
enamored,
making poetry
and poetry, making of her
a being of love.

That beautiful melody,
traveling from infinity,
is her feather stroking the pages,
are her feelings
fusing with the paper,
are her verses,
loving each other.

Poet of dreams
as real as what you inspire.
You know how to sow illusions,
even in hearts that have never been plowed,
you cultivate emotions with your delicate hands,
with blessed hands,
your hands of a woman.

Poet,
of glorious and sublime verses,
continue beating your wings
and let us hear your notes.
Never stop sowing illusions,
or cultivating the emotions
of those we feed
from the fruit of your crops of love.

OLVIDARME

Piénsame,
como en aquel instante,
ese primer momento en que me viste,
el gesto de ilusión que hiciste,
se robó mi alma.

Recuérdame,
tal cual como me descifraste,
cuando no imaginaste
que por ti moría.

No olvides jamás,
cuando por ti reía,
cuando lloraba a tu lado,
cuando en cada detalle te sorprendía.

Mi amor se enamoró de ti,
ahora no sabe decir adiós,
no logra renunciar a nuestra historia.
Y yo, no sé cómo vivir,
no es suficiente tu perdón.
En mi alma siempre vivirás,
en cada recuerdo,
en cada memoria.

No te pido inmortalizarme en tus recuerdos,
tan sólo, no olvides jamás,
cuando por ti reía,
cuando lloraba a tu lado,
cuando te sorprendía.

TO FORGET ME

Think of me,
in that moment,
that first time you saw me,
the gesture of illusion you made,
it stole my soul.

Remember me,
just the way you deciphered me,
when you didn't imagine
that for you I'd die.

Never forget,
when for you I laughed,
when I cried at your side,
when in every detail I surprised you.

My love became enamored of you,
now it doesn't know how to say goodbye,
it's unable to give up our history.
And I do not know how to live,
your forgiveness is not enough.
In my soul you will live forever,
in each reminiscence,
in each memory.

I'm not asking you to immortalize me in your memories,
only, to never forget,
when for you I laughed,
when I cried at your side,
when I surprised you.

ROMEO DELLA VALLE

Born in a beautiful island named **Quisqueya or Hispaniola**, 1952, from Italian and Spanish parents, came to America very young with a goal, mainly, to succeed in life and be happy. *I have worked very hard and gone to school to better myself. Fully aware of who I am, I finished school and am still working very hard.*

I have gone out of my way to make other people happy, however, I haven't been so lucky to find somebody to accept the way I am: just a human being—not perfect—but a caring human with feelings and love to share. As a citizen of the world, there is no race, color, or religious belief that would stop me from searching for happiness. I love and write for the sake of my soul. I freely express my feelings to this vast universe. Only the mighty God knows what I have been going through, and whenever is the time for me to depart forever, let it be, there is only one life to live. I'll go away being happy that I leave my own legacy behind for other humans to learn from my poems.

I have learned through times passed that I am a man with a Vision and a clear mission: "To spread my message of Love and Peace throughout the World" and if my poetry can touch a single soul in the World, then I would gladly die leaving my clear footprints behind! Romeo—New York City.

Nació en una hermosa isla llamada **Quisqueya o La Española**, 1952, de padres italianos y españoles, vino a América muy joven, con una meta, sobre todo, para tener éxito en la vida y ser feliz. *He trabajado muy duro y he ido a la escuela para mejorar mi persona. Plenamente consciente de quién soy, terminé mis estudios y continúo trabajando muy duro.*

Me he esforzado para hacer felices a los demás, sin embargo, no he tenido tanta suerte en encontrar a alguien que me acepte tal como soy: sólo un ser humano—no perfecto—pero un ser humano cariñoso con los sentimientos y el amor para compartir.

Romeo Della Valle
USA

Como ciudadano del mundo, no es la raza, color o creencias religiosas que me impedirían la búsqueda de la felicidad. Me encanta y escribo por el bien de mi alma. Quiero expresar libremente mis sentimientos a este vasto universo. Sólo el poderoso Dios sabe lo que he estado pasando, y cuando es el momento para mí de partir para siempre, que sea lo que sea, hay sólo una vida para vivir. Me iré feliz dejando mi propio legado para que los demás seres humanos aprendan de mis poemas.

He aprendido en tiempos pasados, que soy un hombre con una visión y una misión clara: "Para difundir mi mensaje de Amor y Paz en todo el mundo" y si mi poesía puede tocar una sola alma en el mundo, ¡entonces yo con gusto moriría dejando mis huellas claras! Romeo—New York City.

WHEN LOVE IS GONE

I no longer miss your departure
But it hurts that you forgot me!
You caused a big wound in my heart
When you left my nest forever!

Now, every time I go to my garden,
I find the flowers so saddened,
I think they really suspect
That our love came to an end
And they are not wanted,
Anymore!

At night the Moon and Stars
Anxiously ask for you,
The most beautiful woman
Of the entire universe,
Whom I fully gave
My soul and body!

From the distance,
I heard the echo of the wind
Who failed to mention your name,
Ignoring I am no longer your man!

One thing you should know:
You will live permanently
Within my mind and dreams!
If you have any doubt, please,
Ask my heart that never lies,
Who can love you more than me,
Even when we are apart?

CUANDO EL AMOR SE ACABA

Ya no extraño tanto tu partida
¡Pero duele que me olvidaste!
Causando en mi corazón una gran herida
¡Cuando dejaste para siempre mi nido!

Ahora, cada vez que voy a mi jardín,
Encuentro las flores tan entristecidas,
Pienso que realmente sospechan
Que nuestro amor llegó a su fin
Y que ellas no son deseadas,
¡Ya más!

En la noche, la Luna y las Estrellas
Ansiosamente preguntan por ti,
La mujer más hermosa
Del universo entero,
¡A quien completamente
Mi alma y cuerpo le di!

A los lejos,
Oí el eco del viento
Pero no pronunció ni siquiera tu nombre,
¡Ignorando que ya no soy tu hombre!

Una cosa debes saber:
En mí vivirás permanentemente,
¡Entre mi mente y mis sueños!
Si dudas, por favor,
Pregúntale a mi corazón que nunca miente,
¿Si hay otro que te ame más que yo,
Aun cuando estemos aparte?

GOODBYE

The Moon is now crying,
The Sun is very sad
While the stars are hiding!
Once joyful and passionate
Moments that we shared
Are now deeply in my mind,
Hiding also like the stars,
But I know one day perhaps
They will die suddenly
In a cold forgetfulness!

Flowers are dried and neglected,
Tender hugs and kisses rejected,
While your once sweet voice
Became the clear echo
Of your rejections
And complaints!
Now I look at you
And I can hardly recognize
The person of yesterday!

I deeply believed in your words
And in those beautiful eyes
That little by little
Were bewitching me!
Time has passed by slowly,
You have changed completely
And I've come to realize
That I was the victim
Of your enchantment
And your well designed game!
I learned my lesson well,
No more funny caresses
Or sweet lies!
Now, I am free like the wind
And am no longer blind!

DESPEDIDA

La Luna está llorando,
El Sol se siente triste
¡Mientras las estrellas se ocultan!
Aquellos alegres y apasionados
Momentos que compartimos
Se encuentran profundos en mi mente,
Ocultos también como las estrellas,
Pero sabiendo que un día tal vez
Inesperadamente morirán
¡En un frío olvido!

Las flores están secas y abandonadas,
Cariñosos abrazos y besos rechazados,
Donde tu voz una vez dulce
Se convirtió en el claro eco
¡De tus rechazos
Y quejas!
Ahora te miro
¡Y no reconozco
A la persona de ayer!

Creí en tus bellas palabras
Y en tus profundas miradas
Que poco a poco
¡Me hechizaban!
El tiempo ha pasado inadvertidamente,
Has cambiado completamente
Me he dado cuenta
Que era víctima
De tus encantos
¡Y de tu bien diseñado juego!
Aprendí mi lección muy bien,
No más falsas caricias
¡Y sublimes engaños!
Ahora, soy libre como el viento
¡Y ya no estoy ciego!

I WOULD LOVE TO KNOW

How much I would like to know
What you are thinking at this moment:
If you still would like to taste
The sweet nectar of my lips
And explore passionately
With your delicate hands
The secrets of my body!
I would love to hear you,
Before you change your mind,
Telling me softly, "I love you",
Since you are the queen of my love.
The only one who would make
My future so certain!

COMO QUISIERA SABER

Como quisiera saber
Lo que en este momento piensas:
Si todavía deseas probar
El dulce néctar de mis labios
Y apasionadamente explorar
Con tus delicadas manos
¡Los secretos de mi cuerpo!
De nuevo oír quisiera,
Antes de que te arrepientas,
Decirme suavemente, "Te Amo",
Pues eres la reina de mis amores,
¡La única que haría
Mi futuro tan cierto!

LOVE

Love is too precious to let it slip away
Or hold the future back one second!
I love you and I am so dizzy from spinning
With madness, thinking how it could end
When we had such a great beginning!

Oh please, don't inquire of a childish reason
To explain a matter so remote
When in the paradoxes of life's generosity,
Love is to itself an antidote,
A vision of perfect luminosity...

My heart has made a commitment,
It did not consider my senses
And so inside, I am struggling to set it free
From damp chambers where dwell defenses
Well protected first but now suffocate me...

My sentiments have made no reservation
And are not bound to stay or leave,
However, my choice remains in the anticipation
Of meeting the right one that I hope is you...

Passions are not easily discouraged
Though they breathe with different hope
Like swinging on a pendulum
Or crying out in frustration
When beauty is seeing through a microscope
And it seems to be transitory,
Fleeting in migration...

It is existence itself
That strives this way
To reach beyond all limitations,
Discovering that The value of being
Is not the conclusion of effort,
But in challenging a false foundation
So that our hearts and minds
can peacefully co-exist
In a reservoir of love between us
Once and for all!

AMOR

El amor es demasiado valioso como para dejar que se escape
¡O detener el futuro por un segundo!
Te amo y estoy tan mareado por darme vueltas
Con locura, pensando en lo que podría terminar
¡Cuando tuvimos tan gran comienzo!

Oh por favor, no preguntes de un motivo infantil
Para explicar de un asunto tan remoto
Cuando en las paradojas de la generosidad de la vida,
El amor es en sí un antídoto,
Una visión de perfecta luminosidad...

Mi corazón se ha comprometido,
No consideró mis sentidos
Y así por dentro, estoy luchando para liberarlo
Desde cámaras húmedas donde moran las defensas
Bien protegido al principio, pero ahora me asfixian...

Mis sentimientos no han hecho ninguna reserva
Y no están obligados a quedarse o irse,
Sin embargo, mi elección queda en la anticipación
De conocer la persona correcta que espero seas tú...

Las pasiones no se desaniman fácilmente
A pesar de que respiran con diferente esperanza
Como columpiándose en un péndulo
O llorando de frustración
Cuando la belleza es ver a través de un microscopio
Y parece ser transitoria,
Fugaz en la migración...

Es la existencia misma
Que se esfuerza de esta manera
Para ir más allá de todas las limitaciones,
El descubrimiento de que El valor de ser
No es la conclusión del esfuerzo,
Pero en impugnar una falsa fundación
Para que nuestros corazones y mentes
Pueden coexistir pacíficamente
En un depósito de amor entre nosotros
¡De una vez por todas!

LUIS ENRIQUE VÁZQUEZ VÉLEZ

Nació en **Mayagüez, Puerto Rico**. Su crianza y educación primaria y secundaria aconteció en la ciudad de San Germán. Poeta, narrador, ensayista, gestor cultural, educador y tallerista. Egresado de la Facultad de Humanidades de la Universidad de Puerto Rico, Recinto de Río Piedras (con concentraciones en Historia y Literatura). Algunos de sus escritos han sido publicados en antologías, revistas, periódicos y otros medios electrónicos nacionales e internacionales. Su obra prima, *De Migraciones y Poblamientos*, se presentará en la Isla durante el mes de octubre de 2014. Dirige el *Taller Experimental de Creación Literaria "En los Bordes"* (y su *Colectivo de Escritores*). Es el representante del *Pen Club* de Puerto Rico en la región oeste. Está afiliado a la *Unión Hispanomundial de Escritores* (UHE), con sede en Perú. Forma parte del colectivo de escritores puertorriqueños *El Sur Visita el Sur*. Participa como conferenciante, mentor y facilitador para diversos proyectos y entidades a través del país. En la actualidad, se desempeña como docente de Historia y Bellas Artes (Literatura) en el Instituto de San Germán.

He was born in **Mayagüez, Puerto Rico**. His upbringing, elementary and secondary education were in the city of San Germán. Poet, novelist, essayist, cultural manager, educator and workshop leader. He graduated from the School of Humanities at the University of Puerto Rico, Río Piedras campus (with a minor in History and Literature). Some of his writings have been published in anthologies, magazines, newspapers and other national and international electronic media. His masterpiece, *Of Migrations and Settlements*, will be performed on the Island during the month of October, 2014. He is the director of the *Experimental Literary Creation Workshop "On the Edges"* (and *Writers Collective*). He is the representative of the *Pen Club* of Puerto Rico in the western region. He is affiliated with the *Hispanic World Writers Association* (UHE), located in Peru. He is part of the group of Puerto Rican writers *The South Visits The South*. He participates as a speaker, mentor and facilitator for various projects and organizations across the country. Currently, he teaches History and Fine Arts (Literature) at the Instituto de San Germán.

Luis Enrique Vázquez Vélez
Puerto Rico

BAILAR CONTIGO

Vi
la
felicidad
en
tus
ojos
y
en
ellos
pude
reflejarme

quise
ser
como
tú:
refulgente
transparente
indomable
tierno

¿acaso
balada
de
mi
destino?

al
tenerte
cerca
bebo
de
tus
fuentes
(todo
un
concierto)

solo
te
pido
que

TO DANCE WITH YOU

I
saw
happiness
in
your
eyes
and
in
them
I could
be reflected

I wanted
to be
like
you:
effulgent
transparent
indomitable
tender

perhaps
ballad
of
my
destiny?

when
having you
close
I drink
from
your
fountains
(an
entire
concert)

I
only
ask
you

me
incluyas
por
siempre
en
la
inquietud
de
tus
huellas

bailar
contigo
es
un lujo

to
include
me
always
in
the
restlessness
of
your
footprints

to dance
with you
is
a luxury

CAMBIO DE RUMBO

Me asombro contigo:
no sé cómo amarte
¿acaso significaste destellos de quebranto?

existía porque tú me imaginabas
surgieron heridas abiertas
cauces continuos (infinitos claroscuros)
muros tapiados de silencios
cartas marcadas, callejones sin salida

pensé que el horizonte sin ti no era rumbo
(preludio de naufragios)
¿vértigo de campanadas?
¿soliloquios de noches fragmentadas?

la realidad selló el pacto:
el potro de mi corazón ya no late

CHANGE OF COURSE

I'm amazed with you:
I do not know how to love you
perhaps you signify sparks of grief?

I existed because you imagined me
open wounds appeared
continuous channels (infinite chiaroscuro)
walls lined with silence
marked cards, dead end alleys

I thought the horizon without you was not the way
(prelude to shipwrecks)
vertigo to chimes?
soliloquies to fragmented nights?

reality sealed the pact:
the colt of my heart no longer beats

CAMINO DE LOS BAMBÚES

Me (re)encontré con tu hermosura
a la sombra de un capá prieto

¡los árboles también aman!
eres majestad de brazos extendidos
sorbos de café colao, azúcar morena
hoy se esparcen cánticos de quebradas
en las hondonadas de tus bosques tropicales

¿es la naturaleza fusión de magia?
el camino de los bambúes me seduce a cada paso
(las hojas del suelo nos delatan)
tu hechura de hembra toda sacude mi andanza

añoro con locura tu pasión de selva

PATH OF THE BAMBOOS

I (re)found myself with your beauty
under the shade of a black elm

trees also love!
you're majesty of outstretched arms
sips of filtered coffee, brown sugar
today songs of ravines spread out
into the hollows of your tropical forests

is nature a fusion of magic?
the road of bamboos seduces me with every step
(the leaves on the ground betray us)
your full female build shakes up my walk

I long with madness for your jungle passion

CORRESPONDENCIA

Fui instrumento
para traerte a este mundo
donde aún
se festeja el horizonte

este es tu tiempo
nuestro presente
sin sombra de desamparo

así te veo:
de una manera distinta
desde el lugar
donde se conjugan los verbos
(pureza y divinidad)
paradigma de correspondencia

el lenguaje de un nuevo comienzo
te obliga a decir lo indecible
a buscarte y encontrarte
a tocar el centro de nuestra tierra
(manantial de consuelo)

si puedes verte en la luz
apagaré toda tiniebla
solo entonces
y en medio del silencio perfecto
podrás reflejarte en mi espejo

CORRESPONDENCE

I was an instrument
in bringing you to this world
where still
the horizon is celebrated

this is your time
our present
without shadow of helplessness

I see you this way:
differently
from the place
where the verbs are conjugated
(purity and divinity)
paradigm of correspondence

the language of a new beginning
forces you to speak the unspeakable
to look for and find yourself
to touch the heart of our earth
(wellspring of comfort)

if you can see yourself in the light
I'll turn off all darkness
only then
and in the midst of perfect silence
you will be reflected in my mirror

CUANDO ME DEJO AMAR

Confieso
que estando contigo
me siento libre
(no existen bufonadas de fracaso)

mi centro
se funde con el tuyo
conjunción de metáforas

confieso
que anhelo regresar
al inicio de tu piel
donde aprendí
a nacer de nuevo

en el borde de la noche
mi tristeza
se convierte en festejo
(tu sonrisa es la mía y eso me basta)

huyamos
a espacios de comedias
donde los finales
se brindan ausentes de temores

confieso
que esto que siento
lo siento solo en esta vida
contigo
cuando me dejo amar

WHEN I LET MYSELF BE LOVED

I confess
that being with you
I feel free
(there are no antics of failure)

my center
merges with yours
conjunction of metaphors

I confess
I long to return
to the beginning of your skin
where I learned
to be born again

on the edge of the night
my sadness
becomes celebration
(your smile is mine and that's enough for me)

let's flee
to spaces of comedy
where the ends
are given the absence of fears

I confess
that this I feel
I feel only in this life
with you
when I let myself be loved

EL ROCE CLARO DE MI CUERPO

De la hechura de tu cuerpo
emergen claridades y continentes

tu andar mediterráneo te delata
eres eco de sonidos ancestrales
visiones inéditas, irrepetibles
hasta tus huesos cantan
en las noches que nunca fueron grises
(libres del clandestinaje en mi Caribe)

todos los caminos me conducen a ti
tu luz recompone sombras de mis confesiones
tus senos fosforescentes revientan en mi pecho
fragantes frutos tropicales

permite que tus islas se rebelen
cuando bebo de tu Niágara
tu piel quemada resplandece
anhelo el roce claro de tu cuerpo

THE FAIR TOUCH OF YOUR BODY

From the build of your body
clarities and continents emerge

your Mediterranean walk betrays you
you are echo of ancient sounds
unprecedented, unrepeatable visions
even your bones sing
on the nights that were never gray
(free from clandestinity in my Caribbean)

all roads lead me to you
your light restores the shadows of my confessions
your phosphorescent breasts burst onto my chest
fragrant tropical fruits

let your islands rebel
when I drink from your Niagara
your sunburned skin glows
I long for the fair touch of your body

ESCULTURA DE PIEL

Cedo a la contemplación
de tus universos borgianos
mosaicos arquetípicos
distancias entre lo divino y lo humano
(relación de nuestra cópula perfecta)

cuando te observo me libero de mi
escultura de piel, balance ante el caos

mis ojos se arropan de latidos
quietud de madrugada
abismo y oscuridad, cáliz cóncavo y convexo

atravieso el laberinto de tu ficciones
(jardines de senderos que se bifurcan)
¿dónde podré soñarme sino en tu cuerpo?

nuestra liturgia apenas comienza

SCULPTURE OF SKIN

I yield to contemplation
of your Borgean universes
archetypical mosaics
distances between the divine and the human
(relationship of our perfect copula)

when I observe you I'm freed from my
sculpture of skin, balance before chaos

my eyes are draped in beats
stillness of dawn
abyss and darkness, concave and convex calyx

I go through the labyrinths of your fictions
(gardens of forking paths)
where else can I dream but in your body?

our Liturgy barely begins

RARA

Me gusta recordarte viva
como cuando hacíamos el amor
en los bosques húmedos del nordeste
(tú: semilla, yo: abono)

siempre te sentí rara
¿acaso nunca supimos entendernos?

el amor es raro
aún entre los amantes
que se pierden en los trillos sin rotular
¡fueron tantos los extravíos!

algunas lluvias apenas alcanzaron a mojarnos
¿habrá que decirlo de otro modo?:
me gusta recordarte viva

RARE

I like to remember you alive
as when we made love
in the humid forests of the northeast
(you: seed, I: nourishment)

I always felt you rare
perhaps we never knew how to understand each other?

love is rare
even between lovers
lost in the unlabeled threshing
there were so many mislaid!

some rains barely got us wet
need we say otherwise?:
I like to remember you alive

Y TE SOÑÉ POSIBLE

Y te soñé posible
caminando por las calles
adoquinadas de la ciudad murada
libre
espontánea
magnífica
irreverente
y seguí tus pasos por la Calle Sebastián
donde nos topamos con don Pedro y sus pitirres
y evocamos cielos patrios
(instancias de pájaros que nos habitan)
y corrimos por el campo de El Morro

repleto de cuentos caribeños de sudor y sangre
y rodamos por la grama ondulada
como dos niños sin tiempo para la ira
y no tuvimos miedo
de estar rodeado de muertos
cuando bajamos al viejo cementerio
con sus nichos de belleza inaudita
de epitafios romanticones
entre mármoles de Carrara y flores sin pedestal

y te soñé probable
cuando te levanté de un tirón
y admiraste la fuerza de mis brazos mulatos
y cuando nos reímos del mimo desnutrido
que cambió nueve veces de ropaje
en la Plaza de Armas

y te soñé posible
libre
espontánea
magnífica
irreverente
como el halo de cierta
inesperada muerte
y me quebré despacio
cuando decidiste marcharte
sin mirar atrás, sin apenas voltearte
y me llené de tinieblas en la garita
que un día fue nuestra

AND I DREAMED YOU POSSIBLE

And I dreamed you possible
walking by the cobbled
streets of the walled city
free
spontaneous
magnificent
irreverent
and I followed your steps along Calle Sebastián
where we run into Don Pedro and his pitirres
and we evoke patriotic skies
(instances of birds that inhabit us)
and run through the countryside of El Morro

full of Caribbean tales of sweat and blood
and we roll through the wavy grass
like two children without time for anger
and we had no fear
of being surrounded by the dead
when we got down to the old cemetery
with its niches of unprecedented beauty
of sentimental epitaphs
between marble of Carrara and flowers without pedestals

and I dreamed you probable
when I lifted you up with a tug
and you admired the strength of my mulatto arms
and when we laughed at the malnourished mime
that changed his clothes nine times
in the Plaza de Armas

and I dreamed you possible
free
spontaneous
magnificent
irreverent
as the halo of certain
unexpected death
and I broke slowly
when you decided to leave
without looking back, almost without turning around
and I was filled with darkness in the booth
that once was ours

en el Viejo San Juan

hoy te recuerdo con un whiskey doble
en aquella barra de la Calle del Cristo
donde solíamos encontrarnos al atardecer

a veces la redención se desvanece
en la inmensidad del Atlántico

in the Old San Juan

today I evoke you with a double whiskey
in that bar from Calle del Cristo
where we used to meet at sunset

sometimes redemption fades
into the vastness of the Atlantic

VIENTO HELADO

Cuando abro mi balcón
dejo entrar tu frío

atravieso el pasillo
apago la luz
¿qué más da?

me asaltan algunas lástimas:
risas que apenas fueron
monedas que no se tiraron en las fuentes
ciertos descansos (en el anonimato)

quien muere de noche no muere

dejo la ventana abierta
para que la brisa se cuele (si quiere)

madrugada deshabitada
tropel de ráfagas de viento helado
no sé si pueda dormir

ICY WIND

When I open my balcony
I let in your cold

I cross the hall
turn off the light
who cares?

some pities assail me:
laughter that almost was
coins not cast in the fountains
some reposes (in the anonymity)

he who dies at night does not die

I leave the window open
to let the breeze comes in (if it wants)

uninhabited dawn
swarm of icy wind gusts
I do not know if I can sleep

GEYLER ARANDA RAFAEL

Nació en la ciudad de **Trujillo, Perú**, en 1992. Estudió su primaria y secundaria en los colegios Alcides Carreo Blas y César Vallejo de su ciudad.

Actualmente está estudiando la carrera de Ingeniería de Sistemas en la Universidad César Vallejo. También, es locutor de la radio online Poetas y Musas, la cual, fue diseñada y programada por él para la difusión de los poemas del grupo de Facebook "eL Chico D las PoesíaZ". El nombre de este grupo fue dado en honor a una pequeñita con necesidades especiales quien con dificultad escribió en un papel con letras mayúsculas y minúsculas lo que hoy es su seudónimo: "eL Chico D las PoesíaZ". Después de un tiempo la niña falleció.

No planeaba ser poeta, pero diferentes circunstancias lo llevaron a la poesía, desde asignaciones escolares cuando pequeño y servicio social en su adolescencia y hasta en forma de sueños de amor que trajeron la musa de la poesía a su vida.

Actualmente Geyler escribe y publica en medios digitales.

Was born in the city of **Trujillo, Peru** in 1992. He attended primary and secondary schools in *Alcides Carreo Blas* and *César Vallejo* in his city.

He is currently studying Systems Engineering at the *Universidad César Vallejo*. He also is the online radio announcer for *Poets and Muses*, which was designed and programmed by himself for the dissemination of poems for the Facebook group *eL Chico D las PoesíaZ* (The Kid of Poetry). The name of this group was given in honor of a little special needs girl who with difficulty wrote on a piece of paper with capital and lowercase letters what is now his pen-name: "eL Chico D las PoesíaZ". After some time the girl passed away.

Geyler Aranda Rafael
Perú

He didn't plan on being a poet, but different circumstances brought him to poetry, from school assignments as a child and social service in adolescence to dreams of love that brought the muse of poetry to his life.

Currently Geyler writes and publishes online.

DUEÑA DE MI CORAZÓN
(Sentimiento de amor)

El día de hoy un ángel está pensando en mí
y con una sonrisa expresa estar feliz.
Yo no sería capaz de lastimarla,
más bien, quisiera siempre poder amarla.

Mi princesa del mundo de las hadas,
sé feliz, tú tienes buenos camaradas
y en especial, mi niña, me tienes a mí,
hoy y siempre porque te amo sólo a ti.

No pienses que algún día te dejaré,
eres valiosa y jamás permitiría que llores.
Yo te hablaré con amor y te daré flores,
porque de ti, mi musa, yo me enamoré.

Esos hermosos ojitos no deben llorar
porque yo los veo y me hacen suspirar.
Te amo y quiero tenerte hasta mi vejez,
felices para siempre, soñando más de una vez.

No sabes cuánto me encanta escucharte
y sobre todo, mi amor, me cautiva mirarte.
De verdad eres todo lo que más quiero
y te amo con todo mi amor sincero.

Sé que puedes hacer más de una poesía,
y siendo así, eres mi musa de cada día
y para ti la más hermosa composición,
ya que eres verdaderamente mi adoración.

Eres la dueña de mi corazón ciertamente,
porque estás a mi lado y en mi mente.
Francamente, mi amor, de mí no te vas,
porque en mi corazón siempre vivirás.

OWNER OF MY HEART
(Feeling of Love)

Today an angel is thinking of me
and with a smile expresses her happiness.
I would never be capable of hurting her,
rather, I want to always love her.

My princess of a fairy world,
be happy, you have good comrades
and especially, my girl, you have me,
today and forever, because I love you, only you.

Do not think I will ever leave you,
you are valuable and I'll never let you cry.
I'll talk to you with love and give you flowers,
because with you, my muse, I fell in love.

Those beautiful eyes should not cry
because I see them and they make me sigh.
I love you and want to have you until I'm old,
happily ever after, dreaming more than once.

You do not know how much I love to hear you
and above all, my love, looking at you captivates me.
You really are what I love most
and I love you with all my sincere love.

I know you can make more than one poem
and so, you are my muse each day
and for you the most beautiful composition,
since you are truly my worship.

You're certainly the owner of my heart,
because you're by my side and in my mind.
Frankly, my dear, do not leave me,
because in my heart forever you will live.

EL GRAN AMOR DE MI VIDA

Cuando te conocí me dejaste fascinado,
tan sonriente como te había fantaseado,
tantas veces en mis sueños has estado
que me resulta increíble estar a tu lado.

Yo sé que tener tu compañía
es como tener suerte todos los días
porque sólo basta que tú sonrías
para que disperses chispas de alegría.

También sé que eres una chica excepcional,
tus acciones hacen que seas especial,
siempre con un gesto de generosidad
y con palabras colmadas de bondad.

Me dices que soy yo quien te entiende
y sin razón, tu amor por mi más se extiende,
pero tú eres quien me sorprende
y de verdad, mi amor por ti más asciende.

No lo sabes pero el día es perfecto cuando apareces,
con un beso sé que amas y me favoreces.
En mis sueños entre las nubes me meces
y en la realidad con una caricia me fortaleces.

Yo sólo quiero confesar que te quiero
y que mis días tristes ya perecieron
y que nunca había sido tan feliz
como lo soy cuando te veo a ti.

En mi corazón eres correspondida
y en mi mente tú estás esparcida,
por eso quédate convencida
que eres el gran amor de mi vida.

THE GREAT LOVE OF MY LIFE

When I met you, you left me mesmerized,
as smiley as I had fantasized,
so many times you have been in my dreams
that I find it amazing to be next to you.

I know having your company
is like having luck every day
because it is enough for you to smile
to disperse sparks of joy.

I also know that you are an exceptional girl;
your actions make you special,
always with a gesture of generosity
and heaping words of kindness.

You tell me it is I who understands you
and without reason, your love for me grows more,
but you're the one who surprises me
and truthfully, my love for you surges.

You don't know but the day is perfect when you appear,
with a kiss I know you love and favor me.
In my dreams between the clouds you rock me
and in reality with a caress you strengthen me.

I just want to confess that I love you
and that my sad days disappeared
and I have never been as happy
as I am when I see you.

In my heart, you are matched
and in my mind, you are scattered,
so stay convinced
that you are the great love of my life.

MIS SENTIMIENTOS

Cada vez que voy a descansar
sonrío al recordar lo que hemos pasado
y desde ese instante empiezo a soñar
con tenerte, algún día, a mi lado.

Eres el amor que en sueños distinguí
y ya es costumbre que estés en mi mente,
porque mis sentimientos son para ti,
así no lo demuestre totalmente.

Le daría la espalda al mundo
si el mundo me prohibiera verte
y enfrentaría lo más ruin e inmundo,
con el único objetivo de protegerte.

Desearía que sintieras mi abrigo
y consumáramos el deseo de amarnos,
observados por la noche que será testigo
de nuestro amor al entregarnos.

Aunque no puedo coordinar mis sentires
si un día estoy feliz o descontento,
nada cambia, ni mis fines,
así que nunca cambiarán mis sentimientos.

Yo no entiendo como llegaste,
ni sabría entender cómo te irás,
pero si en mí, un día, te fijaste
es para amarnos y no separarnos jamás.

Si un día lo nuestro terminase,
no reformaré mis sentimientos,
ya que mi corazón, sólo a ti, te satisface
anhelándote en todo momento.

MY FEELINGS

Every time I go to sleep,
I smile when remembering what we've been through
and from that moment I begin to dream
of having you, someday, by my side.

You are the love that in dreams I discerned
and now it's usual for you to be in my mind,
because my feelings are for you,
even if I do not show them completely.

I would give my back to the world
if the world were to ban me from seeing you
and would face the most vile and filthy things,
with the sole intention of protecting you.

I wish that you felt my shelter
and we will consummate the desire to love each other,
observed by the night that will witness
our love when we surrender.

Although I cannot coordinate my feelings
if one day I am happy or unhappy,
nothing changes, not my ends,
so my feelings will never change.

I do not understand how you came,
neither would I understand how you would go,
but if, one day, you noticed me
it's to love each other and never again be apart.

If one day we broke up,
my feelings will not change,
as my heart only satisfies you
longing for you all the time.

TU VALIOSO AMOR

Contemplando el firmamento de las estrellas
pedí un deseo y no pensé que se cumpliría,
justo ahora soy novio de una niña tan bella
a quién amo con toda mi alma cada día.

Sentí lo que jamás sentí al estar contigo
acompañado de una poesía y una canción
para que el momento sea nuestro abrigo
mientras confieso lo que vive en mi corazón.

Tal vez no te das cuenta que me enamoras,
así pasen los días sin verte ni escuchar tu voz,
pienso en ti y sé bien que me añoras
tanto que puede ser casi el amor de Dios.

Estar enamorado de ti es lo más maravilloso
y puedo jurarte que nunca me he sentido mejor,
como ahora, que me siento dichoso
por recibir diariamente tu valioso amor.

Mi princesa cautivadora, nunca te olvides
que te amaré toda la vida así estés lejos
porque en mi corazón todo el tiempo resides
y en mi alma está presente tu reflejo.

Pasará el amor de muchos, pero nunca el mío
y no quiero pensar si alguna vez todo acabará
ya que nos amamos tanto y sólo confío
que demostrándote mi amor, lo nuestro durará.

Me siento enamorado y como siempre
no hay quién me libre de esta fortuna
que se extiende y cada día es más evidente
cuando veo tu sonrisa dibujada en la luna.

YOUR VALUABLE LOVE

Contemplating the firmament of stars
I made a wish and didn't think it would be fulfilled,
right now I'm dating a girl so beautiful
whom I love with all my heart every day.

I never felt what I felt to be with you
accompanied by a poem and a song
for this moment is our shelter
while I confess what lives in my heart.

Maybe you do not realize it, but you inspire love in me,
and if days go by without seeing or hearing your voice,
I think of you and I know that you miss me
so much it can almost be the love of God.

Being in love with you is the most wonderful thing
and I can swear I have never felt better;
as now, I am blissful
to receive daily your precious love.

My captivating princess, never forget
I'll love you all my life even if you're away
because in my heart you reside all the time
and in my soul your reflection is present.

The love of many will die, but not mine
and I do not want to think if sometime it all ends
since we both love each other and I only hope
that by showing you my love, what's ours will last.

I feel in love and as always,
there is no one to free me from this fortune
that extends and each day is more evident
when I see your smile drawn on the moon.

NIÑA DE LAS ESTRELLAS

Quiero decirte que por tanto tiempo te he esperado
y que gracias a Dios al fin he encontrado,
a la niña más linda que me tiene enamorado
y al igual que yo, sólo quiere estar a mi lado.

Quiero que sepas, además, que cada día
imagino tus besos, así como, tu compañía,
esperando impaciente percibir tu simpatía,
la misma que me reconforta en alegría.

Pequeña niña, deseo en tu corazón existir,
demostrarte que eres todo para mí
y recordarte que si buscara un nuevo porvenir,
ten por seguro que no existe lejos de ti.

Es que no necesito mirar otro panorama
si soy correspondido por una princesa que es una dama,
que no espera que la busquen, ella misma me llama,
para confesarme lo mucho que me ama.

Yo, conozco muy bien mis sentimientos
y te aseguro que siempre he esperado este momento,
distinguiendo sólo a una estrella en el firmamento
que eres tú... siempre tú prendida de mis pensamientos.

Mi niña de las estrellas, la que brilla con suprema bondad,
no se pierde tu brillo cuando te recuerdo en soledad,
formas parte de mi vida y eres mi prioridad,
tanto así que todo lo tuyo siempre será mi novedad.

Te amo...
Y quisiera que no te olvides de mi existencia,
porque yo jamás quitaré, de mis pensamientos, tu presencia,
la abrazaré a mi corazón y mantendré tu esencia,
que más me acercará a ti impidiendo tu ausencia.

GIRL OF THE STARS

I want to tell you that for so long I've waited for you
and thanks to God at last I've found
the cutest little girl who has smitten me
and just like me, just wants to be by my side.

I want you to know, also, that every day
I imagine your kisses, as well as, your company,
waiting impatiently to feel your kindness,
the same that comforts me in joy.

My little one, I want to exist in your heart,
to show you that you're everything to me
and remember that if I look for a new future,
rest assured that it doesn't exist away from you.

Because I do not need to look at another panorama
if I am matched by a princess who is a lady,
who doesn't expect to be pursued, she herself calls me,
to confess how much she loves me.

I know very well my feelings
and I assure you I always waited for this moment,
distinguishing only one star in the sky
that is you... always you affixed in my thoughts.

My girl of the stars, shining with supreme goodness,
your brilliance is not lost when I remember you alone;
you form part of my life and are my priority,
so much so that everything of yours will always be my novelty.

I love you...
And I want you to never forget my existence,
because I'll never remove, from my thoughts, your presence,
I'll hug it to my heart and keep your essence,
to get me closer to you preventing your absence.

MI ESTRELLITA

Siempre que veo las estrellas,
te recuerdo y siento tu presencia a mi lado,
porque te veo en cada una de ellas
y te extraño demasiado...

Ya quisiera yo estar donde tú estás,
para hacer de ese lugar mi morada,
y sentir que te voy amando más
robándote una sonrisa,
así como una carcajada...

Quisiera acariciar tu carita,
mirarte fijamente a los ojos,
para decirte que ni las estrellitas,
me pueden dar tanta paz ni tanto amor
cuando me acongojo...

Porque solo tú puedes hacerlo,
transformando lo habitual a lo especial,
a mi corazón logras entenderlo,
con el amor de siempre
y con la magia de tu belleza facial...

Eres bonita, pero más lo eres por dentro,
estás llena de detalles dulces,
ya voy descubriéndote en cada encuentro,
hasta podrías animar más a mi dicha,
al momento que lo pulses...?

Sé que puedes hacer tanto y lo haces,
solo debo esperar a que me sorprendas,
y de cualquier manera, pase lo que pase,
solo necesito que estés conmigo
para amarte y seguir la misma senda...

Porque es necesario que seas mi realidad
y mi estrellita que ilumina mi corazón,
para que no deje de soñar,
ni soltar, mucho más, a mi imaginación...

MY LITTLE STAR

Whenever I see the stars,
I remember you and feel your presence beside me,
because I see you in each one of them
and I miss you too much...

I wish I could be where you are,
to make of that place my abode,
and feel that I'm loving you more
stealing a smile from you,
as well as a laugh...

I would caress your face,
look you straight in the eyes,
to say that neither the stars,
can give me as much peace nor as much love
when I grieve...

Because only you can do it,
transforming the everyday to the special,
you manage to understand my heart,
with that always love
and with the magic of your facial beauty...

You are pretty, but more so inside,
you are full of sweet details,
and I go discovering you in every encounter,
you can even encourage my happiness even more,
at the moment that you press it...?

I know you can do so much and you do it,
I just have to wait for you to surprise me,
and either way, whatever happens,
I just need you to be with me
in order to love me and to follow the same path...

Because it is necessary for you to be my reality
and my little star that lights my heart,
for me to not stop dreaming,
nor give up, much more, my imagination...

QUIERO ESTAR CONTIGO

Quiero estar contigo porque... QUIERO ESTAR CONTIGO,
así como lo digo y así como creo que lo interpretas...
una explicación pobre para los creen haber entendido,
pero que encierra un todo en palabras secretas...

Quiero estar contigo simplemente y sin explicaciones,
porque así lo dice mi corazón cuando te extraña,
y también, cuando por culpa de mis equivocaciones,
te has sentido sola con recuerdos que te dañan...

Quiero cerrar mis ojos imaginando que estás conmigo,
porque el hecho de que estés cerca me reconforta,
de alguna manera me siento protegido,
y me hago la idea de que mi vida también te importa...

Quiero estar contigo como dos estrellas en el mismo punto,
para planear una vida sin necesidad de separarnos,
porque quiero que todo lo hagamos juntos,
como lo prometimos cuando decidimos amarnos...

Contigo quiero hacer prevalecer mis sentimientos,
llegar a anciano, pero sentir que no ha cambiado nada,
y decirte que estás igual como en aquel momento...
aquel momento que solo bastó un corazón y una mirada...

Quiero estar contigo viéndote por encima de las colinas,
y más allá de mis sueños donde existes en ellos,
y quiero que me respondas con tu sonrisa cristalina,
animándome a acariciar tus cabellos...

Quiero que sientas la fuerza de este amor,
que no se cansará de entregarte lo que siente,
porque gracias a este amor he tenido el honor
de ser el poeta y tú seas, de mi inspiración, la fuente...

I WANT TO BE WITH YOU

I want to be with you because... I WANT TO BE WITH YOU
as I say it and as I believe you interpret it...
a poor explanation for those who believe to have understood,
but who enclose an all in secret words...

I simply want to be with you without explanations,
because my heart says it when it's missing you,
and also, when because of my mistakes,
you have felt alone with memories that hurt you...

I want to close my eyes imagining you're with me,
because the fact that you're around comforts me,
somehow I feel protected,
and I make the idea that my life also matters to you...

I want to be with you as two stars at the same place,
to plan a life without needing to separate,
because I want to do everything together,
as we promised when we decided to love each other...

With you I want to assert my feelings,
to get old, but feel that nothing has changed,
and tell you that you are just like that moment...
that moment when only a heart and a look was enough...

I want to be with you seeing you over the hills,
and beyond my dreams where you exist in them,
and I want you to answer me with your crystalline smile
encouraging me to stroke your hair...

I want you to feel the power of this love,
that will not get tired of giving you what it feels,
because thanks to this love I have had the honor
be the poet and you are, for my inspiration, the source...

SIEMPRE TÚ

¿Sabes?... significas mucho en mi vida...
y no tengo palabras para agradecerte todo lo que haces por mí,
eres como el ángel que me vigila y procura que esté bien,
me ayudas y me comprendes
aún cuando digo que sólo yo me entiendo...

Haces de mi vida algo nuevo y no sé qué más puedo esperar,
si llenas mis ansías y todos mis sueños al estar contigo,
es cierto... eres humana pero podrías ser un ángel
que ha topado mi corazón
y me ha pedido ser cautiva en él...

En verdad me has traído tanta paz y no sé qué haría sin ti,
estás en todo lo que hago e incluso es importante para ti,
así sea algo común... algo fácil... tú lo tomas como especial
y no sabes lo feliz que me hace saber que allí estás...
siempre esperándome con una sonrisa y tus brazos abiertos a mí...

Me tomas de las manos y sin decirme nada....
ya me has dicho mucho...
tu silencio ha dicho más que cualquier poesía
y tus acciones más que cualquier promesa de amor...
y no sabes cuánta emoción siento en mi interior...

Eres lo más hermoso que me puede estar pasando,
doy gracias a Dios por conocerte y ser parte de tu vida,
porque la mía se encontraba vacía antes que aparecieras
y tú la has llenado con esa magia del "sentirse amado"...

Contigo conozco la alegría y siento que nada me falta,
tu amor ha borrado los recuerdos tristes
y me ha devuelto las fuerzas para seguir soñando,
aún cuando me canso y siento que no puedo seguir,
siento que no me dejas y me ayudas a seguir contigo...

No tengo palabras para agradecerte lo que haces por mí...
sólo quiero confesarte que siempre te amo
y que lo eres todo en mi vida como siempre...

SIEMPRE TÚ...

ALWAYS YOU

You know?... You mean so much in my life...
and I have no words to thank you for everything you do for me,
you're like an angel watching over me and trying to help me,
you support and understand me
even when I say that only I understand myself...

You make my life something new and I know not what more I can expect,
if you fill my hopes and all my dreams to be with you,
it's true... you are human but you could be an angel
that has bumped my heart
and asked me to be captive in it...

Truly you have brought such peace I don't know what I'd do without you,
you are in everything I do and even is important to you,
so it is something common... something easy... you take it as rather special
and you do not know how happy that makes me to know you're there...
always waiting with a smile and open arms for me...

You hold my hand and without saying anything....
you've already told me a lot...
your silence says more than any poetry
and your actions more than any promise of love...
and you do not know how much emotion I feel inside...

You're the most beautiful thing that can be happening to me,
I thank God for having met you and being part of your life,
because mine was empty before you showed up
and you have filled it with the magic of "feeling loved"...

With you I know happiness and I feel nothing lacking,
your love has erased the painful memories
and has given me the strength to keep dreaming,
even when I'm tired and I feel like I cannot go on,
I feel that you won't leave me and you help me be with you...

I have no words to thank you for what you do for me...
I just want to confess that I love you always
and you are everything in my life as always...

ALWAYS YOU...

MI NIÑA BONITA

Mis manos buscan abrazarte
a cada instante cuando sonríes
y mis labios anhelan besarte
cuando, por deseo, me engríes.

Lo que hace tiempo deseaba hallar
estoy viviéndolo sintiendo el sabor
de tus besos que son un manjar
enriquecido con el genuino amor.

Me has liberado de todo martirio
e incluso te considero mi estrella fugaz,
quien cumple todos mis delirios
con los sentimientos que nos unen más.

Aunque a veces te siento diferente,
sé que no buscas hacerme daño,
como yo, que no soy indiferente,
porque no puedo ocultar que te extraño.

Mientras más pasa el tiempo,
sigues siendo mi niña bonita,
quien me hace feliz a cada momento,
con sus caricias que en mí deposita.

En verdad, mi vida ha cambiado
y no puedo explicar qué hiciste,
ya que nunca me había enamorado
tanto así desde el día que apareciste.

No hay remedio para esta bendición
que ha llegado a mí para quedarse,
empezando primero en mi corazón
para que de mi vida consiga adueñarse.

MY PRETTY GIRL

My hands seek to hold you
every moment when you smile
and my lips yearn to kiss you
when, for desire, you spoil me.

What I long ago wanted to find
I'm living it, feeling the savor
of your kisses that are a delicacy
enriched with genuine love.

You have released all martyrdom
and I even consider you my shooting star,
who meets all my ravings
with the feelings that unite us more.

Although sometimes I feel you differently,
I know you do not want to hurt me,
like me, as I'm not indifferent,
because I can not conceal that I miss you.

The more time passes;
you are still my pretty girl,
who makes me happy all the time,
with her touch deposited on me.

In truth, my life has changed
and I cannot explain what you did,
because I never fell-in-love before
as much as since the day you appeared.

There is no remedy for this blessing
that has come to me to remain,
starting primarily in my heart
and taking over my life.

CUERPO DE MUJER

Oh, mujer que desencadenas mis ansías,
libérame del cáliz de tu piel con una caricia
o déjame consumir de tu cuerpo la fragancia
que tanto he esperado sentir con delicia.

Amada mía, dejas que me olvide de la serenidad
con los suaves besos que al desnudarte
se van esparciendo por cada miembro de tu beldad
ocasionando que mis manos no dejen de tocarte.

Poderosa diosa, cuerpo desnudo de doncella
amémonos en esta noche que es infinita a tu lado,
siente mis besos como dejan sus huellas
en tu majestuoso cuerpo que tanto he anhelado.

Te siento embriagada de amor al sentir tu calor
y el deseo de hacerte mía crece como tus emociones
que me invitan a seguir deleitándome con amor
consintiendo al placer y al goce de tus reacciones.

Me murmuras al oído invitándome al placer,
me aprietas con fuerza al sentirme dentro de ti
y me vuelves loco de deseo al sentirte mujer
regalando al aire cada suspiro deseoso de mí.

Oh, cuerpo de mujer que provoca seducirte
sigue acelerando los latidos del corazón
y déjame que siga disfrutando al descubrirte
así alcance a perder, en tu paraíso, la razón.

Me vuelves preso de tus senos lujuriosos,
de tus piernas que son la entrada a tu exaltación
y de todo lo que atesoro sintiéndome dichoso
de amarte como te amo sin más motivación.

WOMAN'S BODY

Oh, woman who unleashes my cravings,
deliver me from the chalice of your skin with a touch
or let me devour from your body the fragrance
that I have expected to feel with delight.

Beloved, you let me forget serenity
with the soft kisses that when undressing you
spread through each part of your beauty
causing my hands to not stop touching you.

Powerful goddess, maiden's naked body
let us love each other this night that is infinite at your side,
feel how my kisses leave their marks
in your majestic body I have so longed for.

I feel you are drunk with love when I sense your warmth
and the desire to make you mine grows along with your emotions
that invite me to continue delighting in your love
consenting to the pleasure and enjoyment of your reactions.

You are whispering, inviting me to pleasure,
pressing me hard when you feel me inside you
and you drive me crazy with desire feeling you as woman
gifting to the air every anxious sigh wanting me.

Oh, woman's body provoking me to seduce you
continue accelerating my heartbeat
and let me continue to enjoy you as I discover you
so that I lose, in your paradise, my mind.

You make me a prisoner of your lustful breasts;
of your legs that are the gateway to your exaltation
and of all that I treasure making me happy
to love you as I love you without any other motivation.

PALOMA MARIM

poeta, soñadora...

Nació en el estado de **Jalisco, México**, de origen árabe. Tuvo una vida muy conservadora en su infancia por la que posteriormente recibió educación para adultos en Tampico, Tamaulipas, completando sus estudios secundarios y universitarios en tan solo 6 años, obteniendo su grado en ciencias veterinarias.

"cuando era pequeña e íbamos al pueblo yo veía a la gente sentada en sus porches leyendo los periódicos y pensaba, cuando yo crezca quiero leer eso, esas letras se me hacían un misterio."

Actualmente reside en Florida, EE.UU. y escribe poesía en medios digitales. Ha publicado su primer libro "Con las Alas Extendidas" en el año 2014 y también publicó en la Antología poética del I Festival de Cultura y Ecología México-Chile, 2014.

poet, dreamer...

Was born in the state of **Jalisco, Mexico**, of Arabic origins. She had a very conservative childhood because of which she later received education for adults in Tampico, Tamaulipas, completing her secondary and university studies in only 6 years, obtaining her degree in veterinary sciences.

"When I was a little girl and we went to the village I saw the people sitting on their porches reading newspapers and I thought, when I grow up I want to read that, those letters were a mystery for me."

Paloma Marim
México — USA

Currently she resides in Florida, USA and writes poetry online. Her first book was published in 2014, "With the Wings Extended", and she also published in the Poetic Anthology for the 1 Festival of Culture and Ecology, Mexico-Chile, 2014.

POEMA I

Me envuelven los recuerdos como sombras en la noche.

Sensible está mi alma, deshojada, desgarrada de dolor.
Mis manos, alargadas en las sombras te buscan sin cesar.
Vuelven vacíos a mi regazo los dedos entrelazados,
Como si no quisieran dejarte escapar,

Pero no estás ni nunca más estarás...no, ya no estás.

POEM I

The memories wrap me as shadows in the night.

Sensitive is my soul, stripped of petals, left shattered in pain.
My hands, lengthened in the shadows look for you constantly.
My interlaced fingers return empty to my bosom,
As if they did not want to let you go,

But you are not here nor will ever be...no, already you are not.

POEMA II

Tengo sed de amar y ser amada
Tengo ganas de entregarme completa

Pero tengo miedo de ti, miedo a perder la razón otra vez

Pero tengo más miedo a no sentir, a que no me ames, a morir seca,
Deshojada, marchita. Sola...

Tengo miedo.

POEM II

I am thirsty of loving and being loved
I have desires of submitting completely

But I am afraid of you, afraid of losing my mind again

But I am more afraid of not feeling, of you not loving me, of dying dry,
Stripped of petals, withered. Alone...

I am afraid.

POEMA III

Tantas noches en mi lecho te esperé,
Hablando tu caricias, tu ternura, tu pasión.

Te esperé despierta, coqueta, con ganas de amarte,
De sentirte junto a mí,

De sentir tu corazón latir al compás del mío, pero la espera fue en vano,

Porque tú nunca llegaste.

Y volví a mi lecho vació dónde tantas veces tu cuerpo se fundió con el mío

Y lloré, como se lloran los grandes amores, sin derrota, sin vergüenza,
Amando con el alma, por el sólo placer

    De amar

POEM III

So many nights in my bed I waited for you,
Speaking your caresses, your tenderness, your passion.

I waited for you awake, flirtatious, with desires to love you,
Of feeling you next to me,

Of feeling your heart beat to the rhythm of mine, but the wait was in vain,

Because you never came.

And I returned to my empty bed where so often your body fused with mine

And I wept, as the great loves are wept, without defeat, without shame,
Loving with the soul, for only the pleasure

    Of loving

POEMA IV

¿Un día quisiste saber cuánto me amas, mujer?
Yo te devolví una mirada triste y con una sonrisa te dije:

No lo sabes aún, escucha,
Vete a contar cada gota de agua que tienen los mares

Cuenta los granos de arena de todas las playas,

Y por último cuenta las estrellas que tiene el cielo,

Y tal vez entonces comprendas cuánto te amo.

POEM IV

One day you wanted to know how much you love me, woman?
I returned a sad look to you and with a smile I said:

You don't know yet, listen,
Go and count each drop of water that the seas have

Count the grains of sand of all the beaches,

And finally count the stars that the sky has,

And maybe then you'll understand how much I love you.

POEMA V

Me retaste a olvidarte. Sabías que no lo lograría,
Estabas tan seguro de mi amor
Y tenías razón, nunca te olvidaré.

Fuiste mi verdugo,
Tú,
El que azotó mi alma con cada latigazo de indiferencia.

Que estampaste mi corazón
Con toda frialdad, tus palabras salían de esa boca que yo amé tanto,
Y aun así yo quería besarte y callar tus labios,
Borrar con mis besos todas tus palabras que me hacían pedacitos el alma.

Tienes razón, nunca te olvidaré,
Eres el mejor ejemplo de un verdugo.

El verdugo de mi amor.

POEM V

You challenged me to forget you. You knew that I would not succeed,
You were so sure of my love
And you were right, I will never forget you.

You were my tormentor,
You,
Who ravaged my soul with each lash of indifference.

That smashed my heart
With complete coldness, your words left that mouth I loved so much,
And even then I wanted to kiss you and quiet your lips,
To erase with my kisses all your words that were cutting my soul into pieces.

You are right, I will never forget you,
You were the best example of a tormentor.

The tormentor of my love.

POEMA VI

No es por amarte tanto que
Me perdí a mí misma

Yo me perdí por no amarme tanto

Como a ti.

POEM VI

It isn't for loving you so much that
I lost myself

I lost myself for not loving myself as much

As I loved you.

POEMA VII

¿Cuántos versos tendré que escribir para ti?
Mis tristes poemas algún día dejarán de llenar los muros

Y mi corazón estará vacío de ti,

Caminaré libre del peso de ese amor que un día me llevó a la locura.

POEM VII

How many verses will I have to write for you?
My sad poems will someday stop filling the walls

And my heart will be empty of you,

I will walk free of the weight of this love that one day led me to madness.

POEMA VIII

Entre tú y yo se instaló el silencio
Ese silencio que mata la esperanza

Que duele como una puñalada,

Cuando calla el corazón

Es porque hay un abismo entre tu silencio y mi amor.

POEM VIII

Between you and me silence installed itself
That silence that kills hope

That hurts like a stab-wound,

When the heart hushes

It's because there is an abyss between your silence and my love.

POEMA IX

Dijiste que te ibas y yo caminé tras de ti
Déjame, dijiste, pero yo te seguí

Encontraste otros amores que te hicieron llorar
Y
Yo estaba ahí para consolarte

Te rescaté del dolor y curé tus heridas.
Te fuiste de nuevo y yo te seguí, pero ya no tan de cerca

Cada vez te dejé caminar más lejos

Pero tú no te dabas cuenta

Un día y ya no me encontraste

Me convertí en tu sombra y tú ni lo notaste

Lo que ninguno de los dos sabíamos es que el día también termina
Y
Al entrarse el sol, tu sombra también te deja...

POEM IX

You said that you were going away and I walked beside you
Leave me, you said, but I followed you

You found other loves that made you cry
And
I was there to console you

I rescued you from pain and healed your wounds.
You went away again and I followed you, but not as close

Every time I let you walk farther away

But you did not realize it

One day you did not find me

I turned into your shadow and you didn't even notice it

What neither of us knew was that the day also ends
And
When it is twilight, your shadow also leaves you...

POEMA X

No puedo describir todos mis sentimientos

¿Cómo puedo retratar en un papel el sufrimiento y el dolor?

No...No puedo enseñar los rasguños de mi alma, las heridas de mi corazón

Casi puedo, pero...no

Porque amar duele, ¿por qué?

POEM X

I cannot describe all my feelings

How I can portray on a paper the suffering and the pain?

No...I cannot show the scratches of my soul, the wounds of my heart

I almost can, but...no

Because to love hurts, why?

MÓNICA TAPIA ESPINOZA

Nace en **Santiago de Chile** en 1948, pero le gusta decir que debió haber nacido en Valparaíso, puerto que tiene su corazón y donde actualmente reside. Fue criada por su abuela, quien la introdujo al amor por lo místico, a Jesús, la religión, la poesía, a Neruda, la belleza del sonido de la radio en aquella época y a Cole Porter.

Su vida se enriqueció desde la infancia con el arte y la música, y tuvo la oportunidad de transmitir ese talento a su amado pueblo chileno junto a leyendas del folklore chileno como Víctor Jara durante la campaña presidencial de Salvador Allende, sin embargo, a pesar de semejante carrera de más de 50 años de música y poesía en el folklor y las letras, también experimentó las garras del fascismo y la opresión durante la dictadura militar de Augusto Pinochet. Mónica nunca publicó sus trabajos musicales ni su poesía hasta recientemente. Ella ha sido invitada a congresos literarios mundiales y es reconocida en Europa e internacionalmente.

"Todo lo creado en ese tiempo fue repartido en los escenarios de mi pueblo, en las aulas, en iglesias, junto a Víctor Jara en la campaña presidencial de Salvador Allende, en las peñas libertarias y solidarias, entre los presos políticos de la dictadura, en los funerales de mis hermanos de lucha, en los primeros murales femeninos. Y de mis registros personales, lo que no me quemaron los militares, me lo destrozó el marido".

Born in **Santiago, Chile** in 1948, but she likes to say she must have been born in Valparaiso, port city that has her heart and where she currently resides. She was raised by her grandmother, who introduced her to the love of the mystical, to Jesus, religion, poetry, Neruda, the beautiful sound of the radio at the time and to Cole Porter.

Her life was enriched from childhood with art and music, and she had the opportunity to convey that talent to her beloved Chilean people alongside Chilean folk legends such as Victor Jara during the presidential campaign of Salvador Allende. However, despite such a career of over 50 years of music and poetry in folklore and literature, she also experienced the clutches of fascism and oppression under the military dictatorship of Augusto Pinochet. Monica never published her poetry or musical work until recently. She has been invited to literary conferences worldwide and is recognized in Europe and internationally.

Mónica Tapia Espinoza
Chile

"Everything created at that time was shared on the stages of my people, in classrooms, in churches, with Victor Jara in the presidential campaign of Salvador Allende, in libertarian and solidarity folk clubs, among the political prisoners of the dictatorship, at the funerals of my brothers of struggle, the first feminine murals. And of my personal records, what was not burned by the military, was destroyed by my husband."

¡VÍSTEME CONTIGO!

    Sácate esa polera negra, querido mío...
¡sácate el miedo, que tienes de quererme!
y dame, la embriaguez de tu beso detenido,
¡y abdúceme hasta el alma
porque yo soy contigo!
estás a un suspiro, de tenerme.
    ¡Ahh, fuego insolente que nos quema,
sin aviso!
que se instala sin permiso
y prende hogueras
sin ninguna estratagema
hasta encendernos los "te quiero"...
deslizados por el cuello...
caminito al paraíso.
    ¡Amárrame al roce quemante de tu abrazo
al que me llama tu mirada,
apaguémonos la sed, la llamarada!
tu sólo nombre me es precioso precipicio,
tu sólo nombre me desnuda,
me hace tu amante,
tu mujer,
tu bienamada!
    Despacio sácame este vestido largo...
y vísteme contigo!
y pónme la túnica de alabastro de tus manos,
sácame el miedo que tengo de no serte
la única hembra,
tu ternurosa, tu quita penas,
la única rosa, que amaba El Principito,
tu luna ardida,
verso y fogata
ardiéndote en las venas,
tu sola luz perenne,
tu infinito.

CLOTHE ME IN YOU!

    Take that black shirt off, my darling...
take off the fear, that you have of loving me!
and give me, the drunkenness of your impeded kiss,
and abduct me including my soul,
because I am with you!
you are within a sigh, of having me.
    Ahh, insolent fire that burns us,
without notice!
that establishes itself without permission
and lights up bonfires
without any stratagem
until igniting our "I love yous"...
slid by way of the neck...
little road to paradise...
    Tie me to your embrace's burning touch
which your gaze summons to me,
let's suffocate the thirst, the blaze!
your name only is to me a precious precipice,
your name only undresses me,
makes me your lover,
your woman,
your well-loved!
    Slowly take this long dress off of me...
and clothe me in you!
and put on me your hands' tunic of alabaster,
take away the fear that I have of not being your
only woman,
your tender one, your consoler,
the only rose, who The Little Prince loved,
your shining moon,
verse and bonfire
glowing in your veins,
your only everlasting light,
your infinite.

LIBERA ESE SUSURRO

    ¡Ayyy, poeta!
¿habrá una gloria humana más inmensa,
que esto que sentimos,
que esto que vivimos diluyendo las fronteras,
de tan lejos, que no fuera y no vinieras,
de tan cerca, que juntamos las alternas primaveras,
de tan cerca, que nada más nos cabe
entre el suave respirar que nos uniera!
¡ni una chamana como yo, puede eludirlo!
¡ni un poderoso como tú, puede evadirlo
sin traicionar el canto que somos,
el húmedo latir que nos confluye!
    ¡Ayy, amor: yo soy y estoy!
a mitad de tu respiro,
de tu más secreto verbo
y lo sabe el universo de versos que se funden
en galaxias que nos giran
bailándonos el alma...
y lo saben los boleros de Bocelli, que se ensañan
clavándonos las notas
justo ahí, donde crecen nuestras alas!
    ¡No te niegues, ni me niegues!
¡libera este susurro
que nos late entre la piel y el corazón!
¡estos súbitos ahogos al besarnos como locos
en el rincón oscuro donde nos tocamos,
perdiendo la razón!
    Coge tu pluma, y dibújame a palabras
el puente que nos una,
el puente que entre lágrimas de gozo nos reúna,
medio a medio del instante en que ganamos
el mismo cielo,
donde nos encontramos.
    ¡Ayy, amor somos tan ciertos
como los mares que nos tocan playa a playa!
¡Dime, ¿cómo vas a tapar la luz del sol
que te soy en las entrañas?!

FREE THAT WHISPER

    Awww, poet!
will there be a human glory more immense,
than this we feel,
than our living diluting borders,
from so far, that I went not and you came not,
from so close, that we get together every other spring,
so close, that nothing else can fit
into the soft breath that would unite us!
not even a shaman like me, can avoid it!
not even one as powerful as you, can evade it
without betraying the song we are,
the humid beating that joins us!
    Aww, love: I am and I exist!
half of your breath,
of your most secret verb
and it's known by the universe of verses that merge
into galaxies spinning around us
dancing with our soul...
and Bocelli's boleros know it, those that tease
nailing us notes
right there where our wings grow!
    Do not deny yourself, nor deny me!
release this whisper
that beats between our skin and heart!
these sudden suffocations when we kiss like maniacs
in the dark corner where we touch each other,
losing our minds!
    Grab your pen, and draw me in words
the bridge that would unite us,
the bridge that between tears of joy that gathers us,
entirely the instant in which we reach
the same heaven,
where we meet.
    Aww, love we're as certain
as the seas that touch us beach to beach!
Tell me, how are you going to cover the sunlight
that I am in your insides!

CUANDO DUERMES

Este sol se levanta por la izquierda. Es igual de bendito, que mi sol del puerto, levantado por mi lado derecho. Para mí son las 9 de la mañana, pero tu reloj marca las 2 de la mañana...y duermes, amado, duermes!...¡y yo amo escribirte cuando duermes!, sólo entonces me deslizo a tu lado, bajo tus sábanas, me resbalo, despierta del todo por tu piel dormida, por tu alma despierta, que me acoge y que me abraza como nadie, me sonríe y me aprieta dichosa en hambres plenas...

Aquí encuentro la calma de mi sueño, aquí me envuelvo en tu calor, en la ronca voz de tu corazón desnudo, que late al reconocerme como suya, para regalarme el inefable camino de tu piel y la ruda certeza de tenerte.

Debe ser, en estos cientos de noches que vivo contigo, de esta manera, que me impregnas tu aire de bosque virgen, tu esencia de soneto, el arpa de los cielos, el giro de mareas que mueve mis caderas en danza estremecida. De aquí nace la fuerza y el vuelo de mi pluma.

Y debe ser por eso, que tú despiertas pleno, me has tenido por completo, me has libado hasta la última dulzura, ésa que luego derramas en el día, ésa que te hace calmo y que te sigue cantando adentro.

De noche, cuando duermes, tu grito de lobo se hace verso deslizado para mí, polvo de estrellas que alojas en cada uno de mis tibios escondrijos, llenándome de espacios titilantes, todas las bocas que me besas, por donde tú me bebes toda, con unción, a ojos cerrados, como quien bebe la vida y se emborracha dichoso con su néctar.

Y entonces cuando tú despiertas, duermo, feliz y descansada. Y tú vas por ahí, en Santo Domingo, distraído en miles de cosas y de cuerpos que no te sacian, que no terminan de cubrirte el alma...

Sigue dormido, niño mío, acunado en esta ternura que me llora, de lo mucho que te amo. Duerme conmigo, acariciado, completamente bendecido en mi lechoso nutrimento, reguereado con mi rezo, con mis manos, en la húmeda tersura de mis lenguas ardidas para ti, con este amor inmenso que no sabe morir.

WHEN YOU SLEEP

This sun rises from the left. It is equally blessed, like my harbor sun, raised from my right side. For me it's 9 in the morning, but your clock shows 2 in the morning... and you are asleep, beloved, you sleep!... And I love to write to you when you sleep!, only then I undo myself next to you, under your sheets, I slip, very awake by your sleepy skin, by your awakened soul, that welcomes me and hugs me like nobody else, smiles at me and squeezes me happily in full hunger...

Here I find the quietness of my dream, here I wrap myself in your warmth, in the husky voice of your bare heart, that beats upon recognizing me as its, to give me the ineffable way of your skin and the rough certainty of having you.

Must be, in these hundreds of nights that I live with you, in this way, that you impregnate me into your virgin forest air, your essence of sonnet, the harp of heavens, the gyration of waves moving my hips in trembling dance. From here is born the strength and the flight of my feather.

And it must be because of that, you wake up filled, you have had me completely, you tasted all of my sweetness, that which you pour out during the day, that which makes you calm and continues singing inside of you.

At night, when you sleep, your wolf call becomes a sliding verse for me, star dust that you house in each one of my warm hiding places, filling me with twinkling spaces, all the mouths where you kiss me, where you drink me completely, with fervor, with eyes closed, as one who drinks life and happily gets drunk with its nectar.

Then when you wake up, I sleep, happy, and rested. And you go out there, into Santo Domingo, distracted with thousands of things and bodies that do not satiate you, that do not finish covering your soul...

Stay asleep, my child, cradled in this tenderness that cries to me, of how much I love you. Sleep with me, caressed, blessed completely in my milky nourishment, showered with my prayer, with my hands, in the soft moistness of my tongues burning for you, with this immense love that does not know how to die.

TU INMENSIDAD

　　　Ahora me explico...
¡por qué cuando te hallé, estuvimos solos!
¡se unieron nuestras dos inmensidades...
y todo lo demás se quedó lejos!
　　　¡Ahora entiendo
por qué escucho un concierto de violines al mirarte...
y esta inmensa sed de abrazo,
que me hacen tus dos brazos,
tus dos aladas manos,
semillas de sonetos
que me arden en los pechos!
　　　¡Tú no eres sólo un hombre,
en ti, todo el planeta se agita, si me nombras,
en ti, todas las olas me llegan con tu nombre,
en ti, toda la música me envuelve como el viento,
en ti, toda la lluvia fecunda mis adentros,
amaina mi tristeza,
me siembra las entrañas!
　　　¡Si me besas, yo irrumpo en llanto,
si me llueves, yo me río,
si me tocas, yo desmayo,
si me tomas, vivo y muero
de espasmo en tu rocío!
　　　¡Porque en tu rocío
prenden el vuelo mis geranios,
mi almohada y mis gritos!
¡porque en tu grito
doy a luz mis bendiciones
y se alerta todo el mundo, porque contigo, están lloviendo soles!

YOUR IMMENSITY

　　　Now it's explained...
why when I found you, we were alone!
our two immensities joined...
and everything else stayed far away!
　　　Now I understand
why I hear a violin concert when looking at you...
and this immense thirst to hug you,
that your two arms cause me,
your two winged hands,
seeds of sonnets
that burn in my breasts!
　　　You're not just a man,
in you, the entire planet moves, if you call me,
in you, all the waves come to me with your name,
in you, all the music envelops me like the wind,
in you, all the rain impregnates my insides,
my sadness subsides,
my insides are seeded!
　　　If you kiss me, I break into tears,
if you rain, I laugh,
if you touch me, I faint,
if you take me, I live and die
of spasms in your dew!
　　　Because in your dew
my geraniums begin their flight,
with my pillow and my cries!
Because in your cry
I give birth to my blessings
and the whole world is alerted, because with you, it's raining suns!

PARA MI CERCANO LEJANO

Mi cercano-lejano,
    La Región de Valparaíso se extiende, entre los paralelos 32° 02` y 33° 57` de latitud sur y desde el meridiano 70° de longitud oeste, hasta el océano Pacífico...

......en este punto del mapa estoy yo
y la guitarra que te canta,
¡ven, con los caballos a rienda suelta!
¡cruza alado los tres mares y medio continente,
estoy ordenando el cielo diligentemente
empinada sobre el arrecife para verte llegar
a mis brazos, a mi puerto y a mi gente.
Entonces, cobijada en tu mirada
podré soltar el dulce acorde de la risa
y en la prisa de vivirte, en los primeros besos,
soltar el aroma frutal de los excesos.
Ven a sumar tu serio bandoneón a los espasmos
que enrocan este amor
al nido ardiente de mis cuencos,
    ¡Tú me eres siempre
nuevas páginas en blanco,
tú me haces veloz pluma:
entintada de soles de tu Invierno,
entintada de agua en mi desierto.
Y es que este silencio está lleno de palabras,
de secretas tersuras acalladas,
de declarados susurros que raudos nos amarran,
¡ven pues,
en el minuto que yo, te sea irrenunciable,
porque yo te quiero todo!
¡te quiero en barricada!
¡A mí no me caben las trincheras!
¡Voy de frente y a pecho abierto ante las balas,
voy de pie, cara a cara a tu mirada!
    ¡Ven, porque no quiero más almohada sin tu beso.
ven, porque no quiero más cama sin tu cuerpo,
ven, porque no quiero más sexo, sin tu sexo!

            Definitivamente, tu mujer.

FOR MY SO FAR SO CLOSE

My so far-so close,
 The region of Valparaíso extends between the parallels 32° 02' and 33° 57' south latitude and 70° from the meridian longitude west, to the Pacific Ocean...

......at this point on the map am I
and the guitar that sings to you,
come, with the free range horses!
cross winged the three oceans and a half continent,
I am ordering the sky diligently
steeped upon the reef to see you come
to my arms, to my port and to my people.
Then, nestled in your sight
I'll be able to drop the sweet chord of laughter
and in the rush to live you, in the first kisses,
release the fruity aroma of the excesses.
Come to add your serious bandoneon to the spasms
that castle this love
to the burning nest of my bowls,
 To me you are always
new blank pages,
you make me a fast pen:
inked with suns of your Winter
inked with water in my desert.
And it's that this silence is full of words,
of secret silenced tenderness,
of declared swift whispers that rapidly tie us up,
come on,
in the minute I will be indispensable to you,
because I love you wholly!
I love you in barricade!
The trenches do not fit in me!
I go in front and with an open chest facing the bullets,
I go walking, standing face to face with your stare!
 Come, because I do not want more pillow without your kiss.
come, because I do not want more bed without your body,
come, because I do not want more sex, without your sex!

 Definitely, your woman.

ESTE, MI VIENTRE!

Aquí hay un canto, que se torna inextinguible,
canto gestado,
sin fecha de parto y sin parientes,
ya se ha asomado muchas veces
con cadencias de Caribe inconfundibles.

Tu canto padre sique arrullando mis sentires
y aunque no quieras, ni yo quiera
vibra y ondea por mi voz, por mis decires.

¿Qué magia tuvo tu voz ese diciembre?
que se quedó temblando en mis rincones,
que dejó un beso
y este nítido latir en mis pezones
amamantando una lunaza
que sigue a mis canciones.

Preñada voy de ti, sin parto alguno,
como un embrión predestinado a ser un duende
en la casita rosada de mi vientre
pa' no irse nunca,
pa' cantarnos diariamente
y ser la musa que nos llame
desde su brillo de cielo incandescente.

Si hay un último rincón que yo te guarde
para las noches que nos quedan pendientes,
es este altar,
que construimos verso a verso,
es este pliegue terso
que se enciende
con una vulva candente de puertita,
esta cocina a leña,
esta olla de greda, materna y enlunada
donde duermes tú, mi duende!
¡Si hay un recinto,
un altar que yo te guarde,
sagradamente,
¡ese es mi vientre!

THIS, MY WOMB!

Here's a song, that becomes inexhaustible,
gestated song,
with no date of birth and no relatives,
it has been revealed many times
with unmistakable Caribbean cadences.

Your father-song continues to lull my feelings
and although you may not want it, nor may I want it
it vibrates and waves by my voice, for my feelings.

What magic had your voice that December?
that it stayed shaking in my corners,
that it left a kiss
and this clear beating in my nipples
nursing a big-moon
that follows my songs.

Pregnant I go by you, with no delivery,
like an embryo predestined to be an elf
in the pink house of my womb
to never leave,
to sing daily
and be the muse that calls us
from the brightness of the incandescent sky.

If there is a last corner that I keep for you
for the nights that remain outstanding,
it's this altar,
that we built verse by verse,
on that smooth fold
that inflames
with a burning vulva as a little door,
this wood stove,
this clay pot, maternal and moonstruck
where you sleep, my elf!
If there is an enclosure,
an altar that I keep for you,
sacredly,
that is my womb!

¡AQUEL BESO EN EL ALBA DE DICIEMBRE!

¡Dame un beso mañanero, dijiste...para despertarme bién!...y yo te dije... ¡Déjame renacer en este día domingo de diciembre y dejar en tu boca todo el amor que cabe en el planeta, para semillarnos días de alegría y newen[1], con la fuerza originaria de la vida, unida a ti por profecía, en regaloneado beso mañanero!

¡Y fue un beso abierto, hambriento, lento, intencionadamente intenso, jugoso, sin reservarnos nada, a ojos cerrados, despegados del suelo y de todo, como si sólo tuviéramos el alma y las bocas encontradas!

¡Fue un beso de guarda, de antiguos arpegios de 20 años de domingos sin besar!

¡Fue un beso de concierto, de pieza de cierre triunfal, explotado con timbales y violines tremolados en una sola nota – como nosotros – y en todas las octavas!

¡Fue un beso de café y de chocolate derretido!, de pétalos de botón de rosa, de agüita santa vertiendo de todos nuestros poros, mojado en la lluvia de tus versos incubándose, de versos asomados, secretos, a compás de la complicidad, atemporal, desquiciado, aún lleno de estrellas y respirando las ráfagas de mar que tienes en el cuerpo, reventadas en la arena anhelante de mi boca, que movía cascabeles en tu espalda.

¡Fue un beso animalado, con ruido de alas, enmielado y bendecido de locura, sin saber más que eras tú, a la mitad del tiempo, de tu ruego, de tu hambre tocando el hambre mía...!

¡Ayy hombree! ¡Qué beso que nos dimos, temblados de placer interminable, desfachatados, a ciegas, sin cabeza, sin ruta, de curso liberto e ignorado hasta hoy día, es un beso que nos dura todavía, en cada despertar, rompiendo el alba!

¡Tu Moni, en otra mañana de domingo!

---

[1] newen: mapudungun por "fuerza" entre otros significados.
http://www.educar.org/Diccionarios/espanolmapuche.asp

THAT KISS AT THE DAWN OF DECEMBER!

Give me a morning kiss to wake me up, you said...to wake me up well! ...and I said to you... Let me be reborn on this Sunday in December and leave in your mouth all the love that fits on the planet, to seed us days of joy and newen[1], with the original force of life, joined to you by prophecy, in an adoring morning kiss!

And it was an open kiss, hungry, slow, intentionally intense, juicy, without holding anything back, with eyes closed, detached from the ground and everything, as if we only had the soul and our mouths connected!

It was a caring kiss, of old arpeggios from 20 years of Sundays without kissing!

It was a concert kiss, of a triumphal closing piece, exploded with drums and violins swinging in one single note—like us—and in all octaves!

It was a kiss of coffee and melted chocolate!, petal buttons of rose, holy water pouring over all our pores, wet in the rain of your incubating verses, of leaning verses, secrets, to the beat of complicity, timeless, foolish, yet full of stars and breathing the bursts of sea you have in your body, blowing the gusts of sea you have in your body, exhausted in the eager sand of my mouth, which moved bells on your back.

It was an animalist kiss, with wing noise, honeyed and blessed with madness, without knowing more than it was you, half the time, of your plea, of your hunger touching my hunger...!

Aww man! What a kiss we gave each other, we trembled from endless pleasure, shameless, blindly, headless, without route, with free course and ignored to this day, it's a kiss that still lasts for us, in every awakening, breaking dawn!

Your Moni, in another Sunday morning!

---

[1] newen: Mapudungun word for "strength" among other meanings.
http://www.educar.org/Diccionarios/espanolmapuche.asp

YO CONOZCO A UN HOMBRE

¡Yo conozco a un hombre
que a punta de palabras,
ha bordado en mí un encaje de deseo
que se ha convertido en amor!

¡Qué hago con su rosario de estrellas
multiplicado en mi cuerpo,
mejor clavara mi corazón desangrado
con su mirada tan dentro!

¡Qué hago con esta sed incrustada
teniendo el agua tan lejos!
¡Qué hago con este incendio de versos
sobre su tierra mojada!

¡Qué hago con este duende sonriente
escabullido en mi almohada!
¡Qué hago con esta pena tan honda
que a llamaradas me mata!

¡Qué hago, si mi quejido al placer
no tenga eco en su sábana!

¡Yo conozco a un hombre
que habiendo tocado conciertos de mis noches
no está temblando en mis brazos
en este beso del alba!

I KNOW A MAN

I know a man
that at the point of words,
has embroidered in me a lace of desire
that has turned into love!

What should I do with a rosary of stars
multiplied in my body,
better to nail my bleeding heart
with his gaze so deep!

What should I do with his embedded thirst
having the water so far away!
What should I do with this fire of verses
over his wet land!

What should I do with this smiling goblin
glided on my pillow!
What should I do with this pain so deep
that in flares is killing me!

What should I do if my moan of pleasure
won't have an echo on his sheets!

I know a man
that having played concerts of my nights
is not trembling in my arms
in this kiss of dawn!

HAS DEJADO EN MÍ LA PRIMAVERA

¡Ohhh....me están brotando jazmines en los pechos!
¡me has legado semilladas primaveras!
¡tendré claveles en los dedos
que orillarán tu cara
en el minuto que te encuentre entre mi credo!
    Los añosos zarcillos se van con el invierno
y yo siento corales yodados en los huesos
que me han llegado cada día,
en las algas con tus versos.
    ¡Será que me has dejado lilas a lo largo de la espalda
y nomeolvides humedecidos de tu aliento,
entre mi pelo!,
¡será que me has dejado la piel en terciopelo
con el caminito de tus besos!
    Pequeñas rosas juguetean en mi lengua
que no mengua
si habrá de recorrerte entero, apenas llegues.
    ¡Es abril y nos llueven mariposas!
alitas de colores
y rubores de sabidas emociones,
pa' irte cosquilleando por todos tus rincones...
y...¡ayy...!
veo asomarse,
una bella rosa negra, por mi pubis,
mi pubis, de tu savia amamantado,
¡ven a morderme estos pétalos de seda!
éste es tu cáliz,
éste es tu altar,
¡ésta es nuestra primera primavera!

YOU HAVE LEFT IN ME THE SPRING

Ohhh...jasmines are sprouting from my breasts!
You have bestowed upon me seeded spring-times!
I'll have carnations on my fingers
delineating your face
the minute I find you in my creed.
    The aged tendrils go away with winter
and I feel iodinated corals in my bones
that have come to me every day,
on the algae with your verses.
    Could it be that you left me lilacs all along my back
and wetted forget-me-nots from your breath,
through my hair!,
could it be that you have left my skin in velvet
with the little trail of your kisses!
    Small roses play around in my tongue
that doesn't recede
if it has to go across you entirely, as soon as you arrive.
    It's April and it is showering butterflies on us!
colorful wings
and blushes of known emotions,
to tickle you in all your corners...
and...ayy...!
I see peeping up,
a fine black rose, for my pubis,
my pubis, nursed from your sap,
come bite these silk petals of me!
this is your chalice,
this is your altar,
this is our first spring!

¡BUENO, DIBÚJAME!

Bueno, dibújame. Pero desnuda.
Como tu corazón me ve.
¡Tan sin tiempo,
con tanta luz por dentro
encendida de ti!

Pinta irisado mi corazón ruidoso,
urgente de palabras,
titula el sueño que taladra
la razón de estar aquí.

Pinta mis pechos despiertos,
abiertos a tus labios
para alcanzarme el alma;
y la boca mojada
esperando me muerdas
como uva rosada
explotada de golpe
explotada en mis cuerdas
excitada en mi calma.

Pincélame el cuerpo
con piel desdoblada,
en deseo tensada,
de lilas transparencias,
de mudas nostalgias,
temblada de ti.

Y dibújate tú:
de frente, detrás
y también entre mí.

Y traza esta música
que juega entre nos,
las bellas escenas
que somos los dos,
con estos colores
de otoño en añil...
¡y no te demores
que ya estoy pensando
irnos por ahí...
para rescatarnos

YES, DRAW ME!

Yes, draw me. But nude.
As your heart sees me.
So timeless
with so much light inside
lit by you!

Paint my loud heart iridescent,
urgent of words,
title the dream that drills
the reason to be here.

Paint my awakened breasts,
open to your lips
to reach my soul;
and the wet mouth
waiting for you to bite me
like a pink grape
suddenly exploded
exploded in my cords
excited in my calm.

Brushstroke my body
with unfolded skin,
tensed with desire,
with lilac transparencies,
of mute nostalgias
trembled of you.

And draw yourself:
from the front, from the back
and also in the middle of me.

And trace this music
that plays between us,
the beautiful scenes
that we both are,
with these colors
of fall in indigo...
and hurry up
as I'm thinking
of us going somewhere...
to rescue us

en ámbar de abril!

Y ponle textura a las líneas que vistan
y a los que desvistan tu cuerpo y el mío:
colores de fiesta,
volantines locos con colas de fuego
por blancos estíos.

¡Y mírame siempre
como en esta hora,!
que yo estaré viva
en tanto me mires,
en tanto respires
cerquita de mí.
De fondo, el instante

en que alucinantes destellos se dieron
para conocernos, tras siglos de espera
para concedernos el punto y el tiempo
de en versos, ¡bebernos!

Acércate, amor,
¡desnudémonos el alma!
¡quitémonos las alas!
¡quedémonos aquí!

in April's amber!

And put texture to the lines that dress
and undress your body and mine:
festive colors,
crazy kites with tails of fire
for white summers.

And look at me always
as in this hour!
as I'll be alive
as long as you look at me,
as long as you breathe
very close to me.

In the background, the instant
in which hallucinatory flashes occurred
to bring us together, after centuries of waiting
to grant us the place and time
to, in verses, drink each other!

Get close, love,
let's undress our souls!
Let's detach our wings!
Let's stay here!

Lightning Source UK Ltd.
Milton Keynes UK
UKHW040653031222
413215UK00004B/92